Johannes Schmidt

Die Verwandtschaftsverhältnisse der indogermanischen Sprachen

Johannes Schmidt

Die Verwandtschaftsverhältnisse der indogermanischen Sprachen

ISBN/EAN: 9783743491977

Hergestellt in Europa, USA, Kanada, Australien, Japan

Cover: Foto ©Thomas Meinert / pixelio.de

Johannes Schmidt

Die Verwandtschaftsverhältnisse der indogermanischen Sprachen

DIE
VERWANTSCHAFTSVERHÄLTNISSE

DER

INDOGERMANISCHEN SPRACHEN

VON

JOHANNES SCHMIDT.

WEIMAR,
HERMANN BÖHLAU.
1872.

Vorbemerkung.

Die folgende untersuchung ist den fachgenossen, welche an den sitzungen der sprachwissenschaftlichen section der achtundzwanzigsten philologenversammlung zu Leipzig teil genommen haben, schon bekannt, da ich den wesentlichen inhalt der selben in diser versammlung vorgetragen habe. Einige punkte, welche im mündlichem vortrage nur angedeutet werden konnten, sind hier weiter ausgeführt, vor allen dingen die lexicalischen zusammenstellungen, welche für die entscheidung der aufgeworfenen frage in betracht kommen, mitgeteilt worden. Villeicht wirft auch einer oder der andere auf angrenzenden gebieten beschäftigte forscher einen blick auf dise blätter. Um einem solchen die übersicht über die ergebnisse der untersuchung nicht zu erschweren, habe ich die wortverzeichnisse nicht der untersuchung selbst einverleibt, sondern als anhang folgen lassen.

Es lag mir daran die discussion einer frage wider zu eröffnen, welche manchem schon abgeschlossen erscheint, zu manen, wie unsicher der gegenwärtig als giltig anerkannte stammbaum unserer sprachen ist, auf die gefar hin, dass das verhältniss, wie ich es skizziert habe, im fortschreiten der erkenntniss selbst neuen modificationen unterworfen sein wird.

Bonn, im juli 1872.

Der verfasser.

Nachdem Bopps unsterbliches verdienst unseren sprachstamm als ein ganzes entdeckt und gegen die übrigen sprachen scharf abgegrenzt hatte, und man nun daran gieng, die innere gliderung dises stammes zu ermitteln, da sprangen sofort zwei tatsachen in die augen, die eine, dass die indische sprachfamilie (sanskrit, prākrit, pāli und die neuindischen dialekte) mit der eranischen (altbaktrisch, altpersisch nebst iren jüngeren formen, armenisch, ossetisch u. s. w.) aufs nächste verwant ist, was man dahin deutete, dass die völker, welche deren träger sind, noch vereint gebliben wären, als sich die übrigen Indogermanen schon abgesondert hatten. Dise sprachen fasst man herkömmlich unter dem namen der arischen zusammen. Zweitens ergab sich eine ebenso innige verwantschaft der slawischen sprachen (bulgarisch, serbisch-kroatisch, slovenisch, russisch, kleinrussisch, polnisch, kaschubisch, polabisch, sorbisch, čechisch) mit den lettischen (litauisch, preussisch, lettisch). An disen beiden tatsachen zweifelt niemand, sie sind aber auch das einzige, in welchem sämmtliche von unserem sprachstamme entworfene stammbäume übereinstimmen. Ueber das verwantschaftliche verhältniss des arischen und slawolettischen zweiges zu einander sowie jedes von beiden zu den übrigen sprachen und letzterer zu einander sind ser verschidene ansichten ausgesprochen worden.

Schleicher hat in allen seinen schriften die beiden sätze vertreten, dass das slawolettische dem deutschen (im weitesten sinne) zunächst verwant sei und dass beide auf eine nordeuropäische grundsprache zurückfüren. Dise noch ungeteilte nordeuropäische grundsprache habe sich zuerst aus der indogermanischen ursprache ausgeschiden. Der beweis für disen zweiten satz beruht auf der annáme einer engeren verwantschaft des griechischen, lateinischen und keltischen mit einander als mit allen übrigen sprachen. Aus diser annáme folgert Schleicher weiter, dass die drei letztgenannten sprachen aus einer gemeinsamen südeuropäischen grundsprache entsprungen sind. Da nun von allen europäischen sprachen das griechische dem sanskrit und der ursprache anerkanntermassen am treusten gebliben ist, so folgert Schleicher, dass die südeuropäische grundsprache, durch welche er das griecbische mit der ursprache vermittelt, länger mit den der ursprache absolut änlichsten arischen sprachen eine einheit gebildet habe als die vom ursprünglichen mer abgewichene nordeuropäische grundsprache. Schleicher hat recht, dass die nordeuropäischen sprachen der ursprache ferner stehen als das griechische. Da aber die von im hervorgehobenen gemeinsamen charakterzüge der nordeuropäischen sprachen im wesentlichen nur einbussen von dem ursprünglichen, allen indogermanischen sprachen zu grunde ligenden sind, so blibe ja immerhin möglich, dass sich aus einer gemeinsamen europäischen grundsprache, welche der indogermanischen ursprache noch änlicher war, einerseits das griechische mit bewarung der meisten altertümlichkeiten entwickelt hätte, andererseits aber erst von diser europäischen grundsprache aus der abweichende gang der nordeuropäischen sprachen begänne.

Dise ansicht, dass sämmtliche europäische sprachen auf eine grundsprache zurückgehen, dass sich also die ursprache zunächst in zwei dialekte, einen arischen und einen europäischen gespalten habe, ist wol heute die allgemein herrschende und wurde auch von mir bisher geteilt. Gründe für sie hat Lottner (ztschr. VII, 18 ff. 161 ff.) beigebracht, welche Fick (vgl. wrtb. d. indog. spr. 1053 ff.) widerholt:

1. Die arische grundsprache hatte nach ausweis des altbaktrischen noch kein l, die europäischen sprachen dagegen haben zum teil in übereinstimmung unter einander das ursprüngliche r in l gewandelt, z. b. $plēnus$, lit. $pilnas$, abulg. $plănŭ$, got. $fulls$, griech. $πίμ$-$πλη$-$μι$.

2. Merere praepositionen, die im sanskrit mit einer noch unbestimmten oder mit einer ganz anderen bedeutung auftreten, erscheinen in Europa in übereinstimmendem sinne. So *abhi* 'ad', aber griech. *ἀμφί*, lat. *amb-*, ahd. *umbi*, altir. *imm* bedeuten 'circa' u. a.

3. Kulturgeschichtliche gründe: Die benennungen des ackerns, mähens und malens finden sich allein in den europäischen sprachen übereinstimmend, woraus zu schliessen sei, dass die Europäer noch zu einem volke vereinigt waren, als sie das nomadenleben mit dem ackerbau vertauschten*). Die gemeinsame benennung für das salz, welche den arischen sprachen in diser bedeutung felt, schin zu beweisen, dass die europäischen Indogermanen als ein ganzes erst nach abtrennung von den Ariern an salzquellen oder ein salzmer gelangt wären.

Die zwei wichtigsten gründe sind endlich:

4. der von Lottner geltend gemachte, dass die deutsche lautverschiebung in einigen worten nicht den consonantismus der arischen sprachen, sondern den der übrigen europäischen sprachen voraussetzt, z. b. ist das *k* von *ik* aus der media von *ego*, *ἐγώ*, nicht aus der aspirata des skr. *aham* verschoben.

5. Das resultat, welches G. Curtius (ber. d. sächs. ges. d. wiss. 1864 s. 9 ff.) durch seine untersuchung über die spaltung des alten *a*-lautes gewonnen hat, dass die sämmtlichen europäischen sprachen wesentlich in der bewarung des alten ursprünglichen *a* und in seiner ser häufigen verdünnung zu *e* und weiter zu *i* übereinstimmen, wärend das altindische und altpersische kurzes *e* überhaupt nicht, die schwächung von *a* zu *i* nur in beschränktem masse kennen, das altbaktrische *e* aber, durch die umgebenden consonanten bedingt, mit dem von disen unabhängigen europäischen *e* nicht zu vergleichen ist. Z. b. heisst es übereinstimmend mit *e*: *ἕξ*, *sex*, *saihs*, *szeszi*, *šesti*, dagegen skr. *šaš*, abaktr.

---

*) V. Hehn kulturpflanzen und hausthiere in ihrem übergang aus Asien nach Griechenland und Italien sowie in das übrige Europa, s. 399 bezweifelt die richtigkeit dises schlusses.

khšvas; wärend in gr. *ἀρόω,* lat. *aro,* got. *arja,* lit. *ariù* das *a* übereinstimmend erhalten ist.

Endlich hat Fick die in mereren europäischen sprachen vorkommenden worte zusammengestellt (vergl. wtb. 335 ff.).

Untersuchen wir nun, wie weit die anname berechigt ist, dass alle europäischen sprachen innerhalb unseres sprachstammes eine engere einheit bilden und sich als solche derart von den arischen sprachen absondern, dass als ausgangspunkt aller späteren sprachdifferenzierungen eine zweiteilung in die arische und europäische grundsprache notwendig erscheint. Hierbei werden die sprachen, welche den arischen geographisch zunächst ligen, d. h. das slawische und griechische besonders ins auge zu fassen sein.

Die unmittelbare zusammengehörigkeit des deutschen und slawolettischen ist schon im jare 1837 von Zeuss behauptet worden (d. Deutschen u. d. nachbarst. s. 18 ff.), ebenso von J. Grimm (gesch. d. d. spr. 1030) und mit den mitteln der neueren wissenschaft von Schleicher gestützt worden (beitr. z. vgl. sprf. I, 12 ff., 107 ff.). Prüfen wir die gründe.

Beide sprachen haben den ablativ und das augment verloren. Letzteres ist sicher, beweist aber nichts, da alle europäischen sprachen ausser dem griechischen kein augment mer besitzen. Ob der ablativ verloren gegangen sei, ist fraglich, denn die gotischen adverbia auf *ō,* wie *galeikō, sniumundō* sind höchst warscheinlich alte ablative, in irer verwendung genau den griechischen ablativadverbien auf -ως entsprechend, was schon Bopp (vgl. gr. I², s. 352) und Scherer (z. gesch. d. d. spr. 462) angenommen haben. Schleicher rechnet auch den conjunctiv unter die gemeinsamen verluste, aber mit unrecht, denn die sogenannten ersten personen plur. imperat. wie *afslaham* hat Westphal (phil.-hist. gramm. 226) richtig als conjunctive gedeutet. Ir *a* ist aus ursprünglich langem a verkürzt wie in *namō* = sk. *nāman-, nōmen.* Ferner glaube ich in *ōgs* eine 2. pers. sg. conj. perf. nachgewisen zu haben, gebildet wie die homerischen *εἴδομεν, εἴδετε,* ved. *vēdat* RV. V, 30, 3 (ztschr. XIX, 291).

Weiter nennt Schleicher den übergang der ursprünglichen

mediae aspiratae in unaspirierte mediae als characteristicum der slawodeutschen grundsprache. Wäre dis richtig, so wären schon lange vor eintritt der specifisch deutschen lautverschiebung die ursprünglichen mediae und aspiratae unterschidslos zusammengefallen, so hätte beim eintritt der lautverschiebung alles bewustsein von der ursprünglichen verschidenheit diser beiden lautclassen gänzlich geschwunden sein müssen, so hätten nicht die ursprünglichen mediae anders verschoben werden können als die aus aspiraten entstandenen. Wenn vor der verschiebung schon *medjas = skr. madhjas und *eda = lat. edo die selbe dentalstufe enthalten hätten, wie hätte jenes in got. midjis sein d bewaren, dis in ita dafür t eintauschen können, wie wäre es möglich, dass die sprache im ganzen und grossen auch in der lautverschiebung den alten unterschid streng aufrecht erhält? Also ist der im slawolettischen und deutschen eingetretene verlust der aspiraten in jeder sprache für sich geschehen und kann nicht aus einer älteren beiden zu grunde ligenden sprache hergeleitet werden.

Ferner hebt Schleicher als gemeinsam hervor die doppelte declination der adjectiva, je nachdem sie bestimmt oder unbestimmt sind. Gemeinsam ist dise unterscheidung wol, aber nur in der sogenannten inneren sprachform, denn die mittel, durch welche sie ausgedrückt wird, sind in beiden sprachzweigen verschiden. Wärend das deutsche seine adjectiva, wenn sie bestimmt sind, zu n-stämmen erweitert und substantivisch flectiert, fügt das slawolettische an das meist selbst flectierte adjectivum das flectierte pronomen ja-. Sprachliche verkörperung kann dise unterscheidung der bestimmten und unbestimmten adjectiva also in der nordeuropäischen grundsprache noch nicht gewonnen haben. Vilmer schliesst sich die lautliche bezeichnung des bestimmten adjectivs im slawolettischen aufs engste an eine änliche verwendung des pronomen urspr. ja- in den eranischen sprachen, ich meine das persische kesra descriptionis, welches dem mit einem adjectivum verbundenen substantivum angefügt wird. Im altbaktrischen finden sich die anfänge diser erscheinung in verbindungen wie kharem jim *ašavanem* (den heiligen esel), änliches auch im altpersischen (s. Spiegel abaktr. gr. s. 312; keilinschr. 173. Justi handb. d. zendspr. s. 240). Den keim solcher stätigen verbindung des adjectivs und substantivs durch das pronomen *ja-* kann man schon im veda bemerken in constructionen wie *viçvē marutō jē sahāsō* alle die starken Maruts*). Die unterscheidung der verba in perfecta und imperfecta ist zwar dem slawolettischen und deutschen gemeinsam, aber nicht inen allein, denn sie findet sich auch im keltischen, wie Ebel gezeigt hat (beitr. II, 190 ff.), ja auch in dem stammfremden magyarischen und in nordamerikanischen sprachen (Schleicher beitr. I, 500 ff.). Ist dise unterscheidung somit für sich allein nicht beweisend, so wird man ir doch als einem gemeinsamen zuge, der in verbindung mit anderen beweisende kraft gewinnen kann, volle beachtung schenken müssen.

So bleibt von Schleichers sämmtlichen grammatischen argumenten nur eins ganz ungeschwächt, und zwar ein ser schwer in die wagschale fallendes, nämlich dass in allen drei nordeuropäischen sprachen, und nur in inen, das *bh* der casussuffixe *-bhi, -bhis, -bhja(m)s* in *m* gewandelt wird: got. *vulfa-m*, ab. *vlŭko-mŭ*, lit. *vilkà-mus, vilkà-ms*. Dis zusammentreffen ist um so wichtiger, als keine der drei sprachen disen lautwandel in anderen fällen zeigt.

Von zügen, welche eine engere verwantschaft zwischen den nordeuropäischen sprachen bekunden, lassen sich nun noch eine ganze reihe anfüren.

Inen gemeinsam ist die contraction des *-jā* gewisser femininer nomina im nom. sg. zu langem *ī*, übereinstimmend besonders im femininum der participia: got. *frijōndi**) wie abulg. *prijająsti*,

---

*) *ánu tád urvī́ ródasī ǵihātām ánu djukšó váruṇa índrasakhā | ánu víçve marúto jé sahā́so rā́jáṣ sjā́ma dharúṇā dhijā́djhai* ‖ es sollen dem nachgehen (= danach trachten, dafür sorgen) die beiden weiten welten, der himmlische Varuna, Indras freund, es sollen nachgehen alle Maruts die starken, auf dass wir (fähig) seien des reichtums grundlage zu behaupten RV. VII, 34, 24.

**) Dise form ist allerdings nicht belegt, aber aus dem acc. pl. *frijōndjōs* Luc. 15,9 nach analogie der belegten nominative *hulundi, thusundi* u. a. (L. Meyer got. sprache s. 357) mit sicherheit zu erschliessen.

berąšti, lit. *duganti*. Hier muss die contraction in ser früher zeit eingetreten sein, denn got. *frijondi* erweist, dass sie vor wirkung des got. auslautsgesetzes schon bestand. Das auslautsgesetz fand schon *frijondī* vor, welches es zu *frijondĭ* verkürzte. Hätte es noch *frijondjā gefunden, so würde daraus nur *frijondjă geworden sein. Allen drei sprachen gemeinsam ist auch die beschränkung diser contraction auf den nom. sg., mit welchem im litauischen und gotischen und im altbulgarischen bei den adjectiven und participien der vocativ zusammenfällt. Im acc. sg. z. b. heisst es *frijondja* wie lit. *duganczą*, ab. *berąštą*. Die übereinstimmungen in den auslautsgesetzen der drei nordeuropäischen sprachen wird Leskien ausfürlich darlegen.

Ferner werden im gotischen die cardinalzalen von 4 bis 10 oder, was im ganzen das selbe ist, bis 19 zu *i*-stämmen erweitert, ebenso im litauischen von 4 bis 9, im slawischen nur 4, da an die stelle der zalen von 5 bis 10 feminine collectiva getreten sind. Höchst wichtig ist dabei die übereinstimmung im nom. zwischen got. *fidvōr*, d. i. älterem *fidvōri, und lit. *keturì*. Die got. form lässt sich keinem der sonstigen declinationsschemata einordnen, die litauische kann allerdings nom. pl. des in allen casus obliqui ausser dem acc. erscheinenden stammes *keturja*- sein, aber auch laut für laut dem gotischen *fidvōr* entsprechen, d. h. den im acc. *kéturis* zweifellos gesicherten *i*-stamm wie im gotischen one casussuffix bieten. Abulg. *četyrije* wird wie alle übrigen sustantivischen *i*-stämme decliniert.

Weitere übereinstimmungen bei den zalworten finden sich in got. *-lif*, *-lib*, stamm *-libi-* (*tva-lif*, *tva-lib*, dat. *tva-libi-m*) und lit. *-lika* (*vēnŭ-lika*, *dvý-lika* u. s. w. bis *devynió-lika*). Dise übereinstimmung kann sich früher auch auf das slawische erstreckt haben, denn die in historischer zeit übliche bezeichnung der zalen von 11 bis 19 wie *jedinŭ na desęte* ist offenbar jung und an die stelle einer directen zusammenrückung der einer mit zehn one vermittelung einer präposition getreten. Ob die zehn früher durch etwas dem *-lika*, *-lif* entsprechendes oder durch eine form von *desęti* ausgedrückt war, lässt sich freilich nicht mer entscheiden.

Ser wichtig ist ferner, wie Schleicher schon betont hat, das gemeinsame zalwort für tausend, got. *thusundi*, preuss. acc. pl. *tusimtons**) abulg. *tysąšta*, lit. *túkstantis***).
Eine weitere gemeinsamkeit zeigt sich in der verwendung der praesensbildungen mittels nasalsuffixes oder -infixes zum ausdrucke inchoativ-passiver oder intransitiver beziehung, wodurch dise praesensbildungen in allen drei sprachen über ire ursprüngliche ausdenung hinaus griffen, ja sogar zur denominativen verbalableitung verwendbar wurden. Wie im gotischen neben einander ligen *us-geis-nan* sich entsetzen und *us-gais-jan* jemand erschrecken, *gahailnan* geheilt werden und *gahailjan* heilen, *fullnan* erfüllt werden und *fulljan* anfüllen u. s. w., ahd. *lernōn*, *lirnēn* und *lēran*, so ligen im altbulgarischen neben einander *u-žas-nąti* stupefieri und *u-žas-iti* stupefacere, *vŭzbŭnąti ἐγείρεσϑαι* und *vuzbuditi ἐγείρειν*, *isŭchnąti ξηραίνεσϑαι* und *isušiti ξηραίνειν* u. s. w. Im litauischen ist das nasalsuffix zum nasalinfix geworden (s. zur gesch. d. indog. vocal. I, 29 ff.), und den obigen wortparen entsprechen *pa-bundù* ich erwache, *pabùdinu* ich erwecke, *nin-plinkù* ich werde kal, *nu-plíkinu* ich mache kal u. s. w. Näheres über die geschichte diser verba im gotischen s. ztschr. XIX, 286.

Endlich ist der wortschatz diser drei nordeuropäischen sprachen in vilen und wichtigen punkten übereinstimmend. Die kulturgeschichtlich bedeutsamen namen für silber, roggen, weizen, müle, bier u. a. finden sich teils in allen dreien teils im deutschen und je einer der beiden anderen sprachen übereinstimmend, und zwar abweichend von den übrigen sprachen. Im anhange I habe ich 142 worte und wurzeln verzeichnet, welche bisher nur in den nordeuropäischen sprachen nachge-

---

*) *tusimtons* findet sich nur an einer stelle des katechismus, sollte es für *tusuntons* verdruckt sein?
**) Das *k* in *tŭkstantis* ist unursprünglich entwickelt, wie solches vor *s* merfach geschehen ist; vergl. *duksas* gold, preuss. *ausis*, lat. *aurum*; *kriksztyti* taufen, preuss. *kristionisto* neben *crixtitwi*, abulg. *kristiti*, mhd. *kristen*; lett. *pirksts* finger, lit. *pirsztas*, preuss. *nage-pirstis* zehe, abulg. *prĭstŭ*; lit. *žvaigždė* stern, abulg. *zvězda* u. a. An herleitung des wortes für tausend aus lit. *tukti* fett werden ist also nicht zu denken.

wisen sind, von disen finden sich 59 in allen drei sprachzweigen, 50 nur im slawischen und deutschen, 33 nur im litauischen (lettischen, preussischen) und deutschen.

Als zweifelloses resultat halte ich also den satz aufrecht, dass das slawolettische keiner der europäischen sprachen so nahe verwant ist wie dem deutschen. Im südosten haben sich die Slawen noch zu historischer zeit mit Eraniern berürt, denn die pontischen Skythen waren, wie schon Zeuss (d. Dtschen u. d. nachbarst. 284 ff.) gesehen und Müllenhoff (monatsber. d. Berl. akad. 1866, 549 ff.) ausgefürt hat, Eranier. In welchem verhältnisse steht nun das slawische oder slawolettische zu den östlichen nachbarn?

Bopp (spr. d. alten Preussen s. 4; vgl. gr. I², s. XIX) sagt: 'Die absonderung der lettisch-slawischen idiome von der asiatischen schwestersprache, mag man sie sanskrit nennen oder ganz unbenannt lassen, ist später eingetreten als die der klassischen, germanischen und keltischen sprachen, aber doch noch vor der spaltung des asiatischen teils unseres sprachgebiets in den medo-persischen und indischen zweig. Ich folgere dis unter anderen daraus, dass keines der europäischen glider unseres sprachstammes an der allen medo-persischen gemeinschaftlichen entartung des s zu h in dem masse teil nimmt, wie sie namentlich im zend u. s. w. sowol am anfange als in der mitte der wörter vor vocalen stattfindet'.

Und Bopp hat in der tat erhebliche gründe für dise ansicht vorgebracht, wenn wir auch zunächst einen derselben als nicht stichhaltig ausscheiden müssen.

Die slawolettischen sprachen haben zwar allein von allen europäischen sprachen im nom. sg. der r-stämme das r verloren wie die arischen: ab. *mati*, preuss. *mūti*, lit. *motė́* wie skr. *mātā́*, abaktr. *māta*. Doch beweist dis keine engere verwantschaft mit dem arischen, da das auslautsgesetz sowol des slawischen als des litauischen kein r im wortauslaute duldet, das r also in folge dises auslautsgesetzes, d. h. relativ spät, geschwunden sein kann. Bopps weitere gründe sind:

1. Die übereinstimmende bildung des nom. du. der

i-stämme: ab. *kosti*, lit. *avi* = skr. *avī*, zd. *āfriti*; hier stimmt freilich auch das altirische *fáith* aus **váti* (Schleicher comp.³ 522) zum arischen. In den parallelen *u*-stämmen deckt sich jedoch das slawolettische ausschliesslich mit dem arischen: lit. *sūnù*, abulg. *syny* = skr. *sūnū*, abaktr. *pājū*.

2. Den nominativen dualis der femininen *ā*-stämme wie skr. *açvē*, abaktr. *dātē* entsprechen nur im slawolettischen bildungen wie ab. *rącě*, lit. *rankì* aus **rankë* (*ë* erhalten in *tė-dvi*).

3. Die wichtigste übereinstimmung ist aber die, dass dem arischen palatalen zischlaute allein im slawisch-litauischen ein zischlaut entspricht, wärend die übrigen europäischen sprachen dise laute nicht von der gutturalen tenuis unterscheiden, z. b. skr. *çatam*, zd. *çatem*, abulg. *sŭto*, lit. *szimtas*, aber got. *hund*, lat. *centum*, altir. *cét*, griech. ἑκατόν. Schleicher (beitr. I, 110) wendet dagegen ein, dass der palatale zischlaut des sanskrit einen anderen laut gehabt habe als lit. *sz* oder slaw. *s*. Dis ist richtig, denn für ersteres hat Kuhn (Höfers ztschr. II, 166 ff.) den laut unseres palatalen *ch* in *ich* angenommen; genauer ist wol mit Ebel (ztschr. XIII, 276) sein laut als der des polnischen gestrichenen *ś* zu fassen oder die von Lepsius (standard alph.² 70 f.) beschribene articulation. Aber alle drei laute, der indische palatale spirant, das slawische *s* und das litauische *sz* haben doch das gemein, dass sie **spiranten** sind, welche durch fortschreitende assibilation aus gutturalem stummem verschlusslaute hervorgegangen sind und disem, dem **momentanen** *k* als **dauerlaute** gegenüberstehen. Schleicher hebt ferner hervor, dass die vertretung des skr. *ç* durch slaw. *s*, lit. *sz* nicht ausnamslos ist, dass bisweilen lit. *sz* für skr. *k* und lit. *k* für skr. *ç* steht, gibt aber zu, dass 'in der regel in den selben worten die veränderung des ursprünglichen *k* eingetreten sei'. Dennoch bestreitet er die beweiskraft diser übereinstimmung, weil, wie er sagt, 'in den verschidenen sprachen unabhängig von einander die selben lautveränderungen mit der zeit eintreten, die entweder durch die beschaffenheit der sprachorgane oder durch einen gewissen ange-

stammten, fast sämmtlichen indogermanischen sprachen eigenen zug bedingt sein mögen.' Suchen wir uns den vorgang an einem beispile zu verdeutlichen. Nach Schleichers ansicht hatte der stamm des interrogativpronomens in der ursprache den selben gutturalen laut wie das zalwort für hundert: *ka-* und *kantam.* Ir guttural war auch noch in der nordeuropäischen grundsprache der selbe, denn got. *hund* und *hva* zeigen in ganz gleichförmig vertreten. Erst in der slawolettischen grundsprache sei die differenzierung eingetreten, durch welche der guttural in lit. *kàs,* ab. *kŭ-to* bewart blieb, in lit. *szimtas,* ab. *sŭto* zum spiranten wurde. Und ganz unabhängig von disem vorgange sei bei den Ariern die völlig analoge differenzierung der gutturalen in *ka-* und *ҫata-* vor sich gegangen. Ascoli hat 16 fälle zusammengestellt, in welchen so dem palatalen spiranten der Arier slawolettische spiranten gegenüber stehen (corsi di glottol. p. 51. f.). Genau die selbe erscheinung begegnet uns bei den entsprechenden mediae und aspiratae, wie Ascoli in den erwähnten scharfsinnigen untersuchungen zweifellos dargetan hat. Ascoli unterscheidet nämlich im sanskrit zweierlei *ǵ*: 1) die media zu *k'*, welche vor *t, th* als *k* erscheint z. b. *juǵ, jukta-* junctus, 2) die media zu *ҫ*, welcher Ascoli den lautwert eines *ž* (franz. *j*) gibt. Dise zweite gattung von *ǵ* wird vor *t, th* zu *š*, und ist eben an diser wandelung als verschiden von der ersten gattung erkennbar, z. b. *jaǵ* vereren, part. *iš-ṭa-**). Wärend nun den *ǵ* erster

---

*) Für dise wurzel lässt sich die geltung des *ǵ* als *ž* noch durch zwei von Ascoli nicht hervorgehobene formen zur evidenz erweisen, nämlich durch die 2. sg. aor. *ajās* RV. III, 29, 16. IX, 82, 5. VS. VIII, 20. Nir. IV, 25. und durch *avajās,* nom. zu *ava-jāǵ-* opferanteil RV. I, 173, 12. Pāṇ. VIII, 2, 67. Der übergang von *ǵs* in *s* begreift sich nicht, wenn *g* die media zu *k'* darstellt, ist aber durchaus gerechtfertigt, wenn mit dem schriftzeichen für *ǵ* der laut *ž*, die media von *ҫ,* ausgedrückt wird. In letzterem falle muste *ž* (*ǵ*) vor dem stummen *s* zunächst zu *ҫ* werden und floss dann mit dem *s* zu *s* zusammen, gerade wie in *purōḍās, purōḷās,* nom. sg. von *purōḍāҫ-* opferkuchen. Die grammatiker leren ferner, dass vor den mit consonanten anlautenden casussuffixen *avajas-* als thema ein-

gattung im altbaktrischeu ģ, im slawischen und litauischen g entspricht (skr. abaktr. wz. *juģ*, skr. *juga-m*, lit, *jùngas*, ab. *igo* joch), wird das ģ zweiter gattung durch abaktr. z, abulg. z, lit. ż vertreten: skr. *marģ*, 3. sg. praes. *mārṣṭi* abwischen, abaktr. *marez-aiti*, abulg. *mlŭzą* ich melke, lit. *melżu* (Ascoli a. a. o. 105 ff. 117 f.). Endlich sind im sanskrit auch zweierlei *h* zu unterscheiden: 1) die aspirate zu k, g, welche mit folgendem *t* zu *gdh* wird, z. b. *dah* brennen, part. *dagdha-*, 2) die aspirata zu ç, ž (ģ), welche mit folgendem *t* zu *ḍh* wird, z. b. *vah* vehere, part. *ūḍha-**). Während nun dem ersten *h* slawolettisches *g* entspricht (skr. *dahāmi* = lit. *degù*, abulg. *ždegą, žegą* ich brenne), wird das zweite durch abulg. z, lit. ż vertreten: *vahāmi* = ab. *vezą*, lit. *vežù* (a. a. o. 184 ff. 187 f.). Hier an blinden zufall zu glauben ist mir nicht möglich. Und an den zufall appelliert auch die von Ascoli versuchte erklärung der tatsache. Er meint nämlich, unsere zuerst gewälten beispile haben in der ursprache gelautet *ka*, aber *k'anta-* ' con legero intacco del *k'*, aus letzterem sei in den übrigen europäischen sprachen *kanta* geworden 'quasi il tipo risanato', dagegen im arischen und lituslawischen *kjanta* u. s. w. Dass gerade in disen sprachen übereinstimmend die palatale affection nicht 'geheilt' wurde, bleibt auch für Ascoli wie für jeden, der eine gemeinsame europäische grundsprache annimmt, reiner zufall. Die palatale affection der gutturalen in *k'anta* u. s. w. müste sich nach diser anname noch in der europäischen grundsprache erhalten haben, aber zufällig im griechischen, italischen und keltischen spurlos verloren gegangen sein, sie müste sich

---

trete, ebenso wie *purōḍas-*, z. b. dat. du. *avajōbhjām* (s. Böhtlingk zu Pāṇ. VIII, 2, 67. III, 2, 71. 72.) wie *purōḍōbhjām*, auch dis ist nur bei spirantischer geltung des ģ erklärbar.

*) Auch für dise wurzel lässt sich die geltung des *h* als *žh* durch die angaben, welche die grammatiker über die declination von çvēta-vāh- (mit weissen rossen farend) machen, erweisen: nom. sg. çvētavās, vor den mit consonanten anlautenden casussuffixen soll çvētavas- als thema eintreten, Pāṇ. VIII, 2, 67, Böhtlingk zu der stelle und zu III, 2, 71. 72; vergl. die vorige anmerkung.

bis in die nordeuropäische grundsprache fortgepflanzt haben, aber widerum zufällig im deutschen spurlos geschwunden sein. Wer aber dise tatsächliche übereinstimmung ausschliesslich zwischen arisch und slawolettisch als ein werk des zufalls betrachtet, der stellt sich ausserhalb der wissenschaftlichen discussion; wer es nicht tut, für den genügt dise **eine** tatsache um die anname einer gemeinsamen europäischen ursprache zu vernichten.

Und weiter ist es unmöglich zalreiche erscheinungen, in welchen das slawolettische mit dem arischen übereinstimmt, vom deutschen aber abweicht, zu übersehen: in der declination haben slawisch und litauisch den instr. sg. auf urspr. -*bhi*, plur. auf urspr. -*bhis*, den loc. plur auf urspr. -*sva*, in der conjugation den einfachen und den zusammengesetzten aorist, das futurum auf urspr. -*sjāmi*, das part. perf. act. auf urspr. -*vans*, das supinum auf -*tum*, lauter formen von denen das gotische gar nichts mer weiss oder, wie vom einfachen aorist (s. verf. ztschr. XIX, 291 f.) und part. perf. act. (*bērusjōs*) nur noch wenige, als solche nicht mer empfundene und daher kaum zu rechnende spuren zeigt. Und zwar sehen wir schon hier, dass das slawische, welches **geographisch** dem arischen näher ligt als das litauische, in der bewarung der aoriste, welche dem litauischen verloren gegangen sind, dem arischen auch **grammatisch** näher steht als das litauische.

Die begegnung der bestimmten adjectivdeclination mit dem persischen kesra descriptionis ist oben (s. 5) schon erwähnt. Die pronomina bieten gleichfalls schlagende übereinstimmungen. Nur eranisch-slawolettisch ist der gen. sg. des pron. der ersten person: apers. *manā*, abaktr. *mana*, lit *máno*, abulg. *mene*, denn got. *meina* muss wegen der analogen *theina*, *seina* als stamm *ma-* mit suff. -*eina* aufgefasst werden. Lit. *vĭsas*, abulg. *vĭsĭ*, in manchen casus *vĭsŭ*- (s. Miklosich vergl. gr. III, § 85; Leskien handb. d. abulg. § 66) all, jeder hat nur in apers. *viça*, abaktr. *vīçpa-*, sk. *viçva-* entsprechendes. Nur im eranischen und slawischen findet sich das pronomen *ava-* jener, abulg. *ovŭ* vollständig flectiert, das sanskrit hat davon nur den gen. loc.

du. *avōs*, die übrigen sprachen zeigen in nur in partikeln und adverbien erstarrt wie *aữ*, *aữ-τε*, lat. *au-t*, *au-tem*. got. *au-k*, lit. *au-rė* dort.

Keine europäische sprache ausser dem slawischen hat dvandva-composita, welche als duale flectiert werden: abulg. *bratŭ-sestra* ἀδελφὸς καὶ ἀδελφή, dat. *bratŭsestroma* ev. Ostr. p. 288 c; *malŭ-žena* ἀνδρόγυνα, dat. *malŭženoma* Mikl. lex. Die praeposition abulg. *radi*, apers. *rādij* wegen, in beiden sprachen mit dem genitiv verbunden, findet sich nirgends sonst (Kuhn ztschr. VI, 390; Ebel beitr. I, 426). Nur im slawolettischen ist die praeposition *sam* als selbständiges wort und in zusammensetzung mit verben erhalten: preuss. *sen*, lit. *sù*, abulg. *są-*, *su-*, *sŭ*, abaktr. *hām*, *hém-*, skr. *sam*; ableitungen der grundform *sama-* u. a. finden sich in allen sprachen. Andere hier zu nennende übereinstimmungen sehe man im alphabetisch geordneten anhange II unter den worten *bezŭ*, *kadà*, *páskui*.

Vorhin hob ich die züge hervor, welche das slawolettische zalensystem nur mit dem deutschen teilt, jetzt ist einer zu erwähnen, welcher das slawische eng an die arischen sprachen knüpft. An die stelle der cardinalzalen von fünf bis zehn hat das slawische collective substantiva gesetzt. Sehen wir hierbei von den benennungen für sechs, siben und acht ab, welche nirgends ausserhalb genau entsprechendes haben, so finden sich die drei übrigen zalcollectiva oder abstracta sämmtlich in den arischen sprachen, und zwar nur in disen wider: *pętĭ* ist skr. *pankti-* fünfheit, *devętĭ* = abaktr. *navaiti* neunheit, *desętĭ* = skr. *daçati* dekade. Das ordinale *prĭvŭ* der erste findet ebenfalls nur im arischen entsprechendes: apers. *paruva-*, abaktr. *paourva-*, skr. *pūrva-*. Hier steht also das slawische näher dem arischen als selbst das litauische. Das selbe ist der fall in dem namen gottes: *bogŭ* findet sich wider nur in apers. *baga*, abaktr. *bagha-*, phryg. Βαγαῖος (Ζεύς), ved. *Bhaga-*, ebenso *svętŭ* lit. *szvėntas* heilig ganz gleichbedeutend nur im abaktr. *çpeñta-*, und zwar in einer form, welche den gedanken an entlehnung ausschliesst (got. *svinths* stimmt im anlaute nicht dazu).

Von welcher bedeutung solche mythologische übereinstimmungen sind, namentlich wenn man dazu hält, dass der indogermanische gott *Djāus* nur den Slawoletten und Eraniern verloren gegangen ist, das braucht kaum besonders hervorgehoben zu werden. Kulturgeschichtlich höchst wichtig ist die übereinstimmende benennung des heiratens bei Slawoletten und Ariern (s. anhang II unter *vedù*) sowie des schreibens bei Slawen und Persern: abulg. *pisati* schreiben, apers. *ni-pis, nij--apisam* ich schrib, letztere wurzel in diser bedeutung felt selbst den beiderseitig nächsten verwanten, Litauern und Indern, denn da schreiben im litauischen durch *raszýti*, im lettischen durch *rakstit* ausgedrückt wird, muss preuss. *peisāton* scriptum und zubehör als slawisches lehnwort gelten. Im anhange habe ich unter II einundsechzig worte und wurzeln zusammengestellt, welche bisher nur in den slawolettischen und arischen sprachen nachgewisen sind, unter disen befindet sich sogar ein compositum, lit. *vėsz-patis* (nro. 57). Von disen 61 worten kommen 21 im slawischen und litauisch-lettischen vor, 23 nur im slawischen, 17 nur im litauisch-lettischen, also wie in der grammatik, so ist auch im lexicon zu bemerken, dass das slawische den arischen sprachen etwas näher steht als das litauische.

Was sollen wir nun aus allem dem für den stammbaum schliessen? Man wird unter den hervorgehobenen verwantschaftszügen einige bemerkt haben, welche das slawische nur mit den eranischen sprachen, nicht auch mit dem sanskrit teilt*), und umgekert solche, welche die arischen sprachen nur mit dem slawischen, nicht auch mit dem litauischen gemein haben**). Sollen wir deshalb die anerkannt innige verwantschaft von litauisch und slawisch einerseits, von indisch und eranisch andererseits lockern? Nein. Sondern wir werden anzuerkennen haben, dass die geographisch einander zunächst ligenden sprachen mer mit einander gemein haben als die

---

*) Die bestimmte adjectivdeclination, praep. *radi*, wz. *pis, svętŭ, suka* = med. σπάκα.
**) Die einfachen aoriste, dualisch flectirte dvandvacomposita, pron. *ava-*, die zalworte *pęti, devęti, dvsęti, prĭvŭ*, die benennung gottes *bogŭ*.

ferner ligenden, dass also eine continuierliche vermittelung vom indischen durch die eranischen sprachen zum slawischen und von disem zum litauischen fürt, dass das slawische mer arische züge enthält als das litauische, das eranische mer slawische züge als das sanskrit.

Sollen wir also das slawolettische näher an den arischen zweig als an das deutsche rücken? Das geht nicht wegen des absolut zum deutschen weisenden wandels von *bh* zu *m* in den declinationssuffixen, wegen der übereinstimmung in der zal tausend und der zalreichen anderen beziehungen, welche nur zwischen dem slawolettischen und deutschen bestehen. Das geht ferner nicht wegen der für ursprüngliches *a* eingetretenen *e*, welche das slawische unauflöslich an die übrigen europäischen sprachen ketten.

Müssen wir also das slawolettische vom arischen losreissen? Das ist ebenfalls unmöglich wegen der übereinstimmung in den spiranten, welche an die stelle der gutturalen verschlusslaute getreten sind, und wegen der zalreichen anderen eben hervorgehobenen coincidenzpunkte des slawolettischen und arischen.

Es bleibt also keine wal, wir müssen anerkennen, dass das lituslawische einerseits untrennbar mit dem deutschen, andererseits ebenso untrennbar mit dem arischen verkettet ist. Die europäischen, deutschen und arischen charakterzüge durchdringen einander so vollständig, dass eine ganze reihe von erscheinungen nur durch ir organisches zusammenwirken hervorgerufen ist, und dass es worte gibt, deren form weder ganz europäisch noch ganz arisch ist und nur als ergebniss diser beiden einander durchkreuzenden strömungen begreiflich wird. Nemen wir z. b. den dat. pl. fem. *desinamŭ* den rechten (dextrabus), so ist das casussuffix ausschliesslich nordeuropäisch (-*mŭ* = lit. -*mus*, got. -*m*), der wurzelvocal nur europäisch, vergl. lit. *deszinė*, ahd. *zesawa*, *dexter*, δεξιός, dagegen das stammbildungssuffix -*inŭ* ebenso ausschliesslich arisch: abaktr. *dašina-*, skr. *dakšina-*.

Oder nemen wir lit. *mélżu*, abulg. *mlŭzą*[*]) ich melke, so

---

[*]) Aus *mĭlzą entstanden, s. verf. z. gesch. d. indog. vocalism. I, 20.

ist es wegen des wurzelvocals nicht los zu reissen von ahd. *milchu*, ἀμέλγω, lat. *mulgeo* (aus *melgeo, wie *sepultus* aus *sepeltus), ebenso entschiden wird es aber durch sein *ż* an abaktr. *marez* und das von Ascoli glänzend erwisene skr. *marż*, geschriben *marģ* (s. 12), geknüpft. Die unterscheidung der bestimmten und unbestimmten adjectivdeclination findet sich im princip oder der inneren sprachform nach nur noch bei den Deutschen, das mittel der lautlichen unterscheidung aber nur bei den Ariern, hauptsächlich bei den Eraniern (s. 5 f.). Schon dise drei beispile beweisen, wie gleichmässig falsch sowol die anname einer slawisch-lettisch-deutschen grundsprache als die einer slawisch-lettisch-arischen grundsprache ist, da keine von beiden annamen den sprachlichen tatsachen gerecht wird. Wollte man sich dadurch aus der verlegenheit retten, dass man eine engere einheit der nordeuropäischen sprachen mit den arischen annäme, d. h. wollte man sich die sprachtrennung in der weise vorstellen, dass aus der ursprache zunächst durch zweiteilung erstens die südeuropäische grundsprache, die mutter des griechischen, italischen und keltischen, und zweitens eine sprache hervorgegangen wäre, welche sich später durch abermalige teilung in die nordeuropäische grundsprache und in die arische grundsprache aufgelöst hätte, wollte man dis voraussetzen, so käme man wider in collision mit den eingangs (s. 2 f.) festgestellten gemeinsamen europäischen eigentümlichkeiten, welche eine solche anname unmöglich machen.

Man mag sich also drehen und wenden wie man will, so lange man an der anschauung fest hält, dass die in historischer zeit erscheinenden sprachen durch merfache gabelungen aus der ursprache hervorgegangen seien, d. h. so lange man einen stammbaum der indogermanischen sprachen annimmt, wird man nie dazu gelangen alle die hier in frage stehenden tatsachen wissenschaftlich zu erklären. Der ganze charakter des slawolettischen bleibt unter diser voraussetzung unbegreiflich.

Verständlich wird er nur, wenn wir anerkennen, dass das slawolettische weder vom arischen noch vom deutschen losgerissen werden kann, sondern die organische vermittelung beider ist. Dise anerkenntniss nötigt uns die grammatik ab, zu ir zwingt uns auch der sprachschatz. Die wortverzeichnisse I—IV im anhange veranschaulichen das verhältniss der lexicalischen übereinstimmungen zwischen den hier in rede stehenden sprachen. Danach beläuft sich die zal der worte und wurzeln, welche bisher nur in den nordeuropäischen sprachen nachgewisen sind (I A—C), auf 143, die der ausschliesslich arisch-slawolettischen (II) auf 61, es werden also im slawolettischen sprachschatze die ausschliesslich arischen bestandteile — man gestatte der kürze halber disen ausdruck für urverwante worte — von den ausschliesslich deutschen zwar bedeutend überwogen, wenn letztere sich zu ersteren nach den betrachtungen, welche ich den wortverzeichnissen des anhanges voraus geschickt habe, auch nicht ganz wie 7 zu 3 verhalten mögen. Die in der grammatik unverkennbare mittelstellung des slawolettischen zwischen dem arischen und deutschen wird aber auch hier sichtbar, wenn wir die verzeichnisse III und IV mit in die berechnung ziehen. Dise ergeben 15 ausschliesslich arisch-deutsche worte, 14 ausschliesslich nordeuropäisch-arische. Nimmt man nun eine nordeuropäische grundsprache an, so bleibt höchst auffallend, dass von den 90 arischen worten (61 + 14 + 15), welche man ir dann zuschreiben muss, im deutschen nur 29, in den östlicheren sprachen dagegen, trotzdem sie weit jünger sind als die ältesten deutschen, 75 bewart sind. Die slawolettisch-arischen worte verhalten sich zu den deutsch-arischen wie 61 zu 15, zu den nordeuropäisch-arischen wie 61 zu 14. Der slawolettische wortschatz enthält demnach viermal so vil arische bestandteile wie der deutsche (61 : 15) und zehnmal so vil deutsche bestandteile wie der arische (143 : 15), d. h. er ist das organische mittelglid zwischen dem deutschen und arischen, ersterem naturgemäss näher stehend wegen des langdauernden einwirkens des deutschtums auf Slawen und Litauer.

Mit diser, wie mir scheint, zweifellos nachgewisenen stellung des slawolettischen zerfällt aber nicht nur die anname einer nordeuropäischen grundsprache sondern auch die einer europäischen grundsprache. Das slawolettische ist weder eine arische noch eine europäische sprache. Wie Europa-Asien geographisch keine grenze haben, so schwindet auch die bisher gezogene scharfe demarcationslinie zwischen den arischen und europäischen sprachen.

Sehen wir nun, ob im süden Europas zwischen dem griechischen und arischen die grenze fester steht. Die das spätere altertum beherrschende und bis in unsere zeit hineinragende dunkele vorstellung von der nahen verwantschaft des griechischen und lateinischen, welche zu der meinung fürte, dass das lateinische vom griechischen abstamme oder durch mischung des griechischen mit alteinheimischen italischen mundarten entstanden sei, ist von der neueren wissenschaft geklärt und auf ir richtiges mass zurückgefürt worden. An die stelle des tochterverhältnisses ist das schwesterverhältniss getreten.

G. Curtius und Schleicher haben in allen iren schriften die ansicht vertreten, dass das griechische, dem italischen zunächst verwant, mit disem aus einer gemeinsamen, sei es nun graecoitalischen oder graeco-italo-keltischen grundsprache hervorgegangen sei*). Dise meinung wird auch von Corrsen (ausspr. II², 45 f. anm.) und Leo Meyer (vergl. gr. I, 13. 20 f.) geteilt. Folgendes sind die zwei wichtigsten gründe für sie. Erstens: nur im griechischen und italischen gibt es feminine stämme auf -ŏ- = urspr. -ă-, wie Ebel (beitr. II, 137) hervorhebt. Zweitens gehen griechisch und lateinisch in der verdumpfung von *a* zu *o*, und weiter zu lat. *u*, auch da oft noch zusammen, wo die übrigen europäischen sprachen das *a* bewart haben, z. b. gr. πόσις, lat. *potis*, aber got. *faths*, lit. *patis*; γένος γένεος wie altlat. *genos*, *generos*, *generus* (vgl. die belegten *opos*, *senatuos Venerus*) u. a. Curtius ber. d. sächs. ges. d. w. 1864, s. 20 ff. Dise beiden übereinstimmungen können nicht auf zufall beruhen, denn derartiges zusammentreffen von zwei sprachen in etwas der ur-

---

*) Doch erklärt Curtius mit recht dise frage für noch nicht abgeschlossen: mihi quidem ad finem hae quaestiones nondum perductae esse videntur, nec poterunt perduci nisi diligentiori opera et majore doctrina in hoc argumentum adhibita, ab omnibus adhuc fere in transcursu tractatum. (memoriam F. A. G. Spohnii d. XX mens. Jan. 1870 indicit G. Curtius, Lipsiae, p. 4).

sprache fremdem erst später entwickeltem hat für ire nähere verwantschaft weit grössere beweiskraft, als wenn etwas ursprünglich allen indogermanischen sprachen gemeinsames in zwei sprachen gleichmässig erhalten ist. Letzteres kann auf zufall beruhen, ersteres nicht*). Eine graecoitalische neubildung ist das futurum exactum τε-ϑνήκ-σω, πε-πράκ-σο-μαι, lat. (ce)-cap-so, (fe)-fac-so. Ferner zeigt der sprachschatz beider sprachen vile übereinstimmungen. Förstemann (ztschr. XVII, 354 ff.) und Fick (vergl. wörterb. 421 ff.) haben die worte zusammengestellt,

---

*) Aus disem grunde kann ich der von Curtius (ztschr. VIII, 294 ff., stud. III, 187) hervorgehobenen übereinstimmung des suffixes der 2. und 3. pers. sing. imperat. lat. es-tōd = ἔσ-τω(τ), 2. pers. ἐλϑε-τῶς, φα-τῶς keine beweiskraft für die nähere verwantschaft der beiden sprachen beimessen, da auch vedisch das suffix -tāt für die 2. 3. sg. imperat. gebräuchlich ist, das griechische und italische hier also nur eine altertümlichkeit bewart haben, welche die übrigen europäischen sprachen eingebüsst haben. Das selbe gilt von den adjectiven auf -λο-ς, lat. -lu-s u. s. w., deren übereinstimmung Curtius in dem in der vorigen anmerkung angefürten programme hervorhebt, denn den bildungen wie τροχαλός, tremulus entsprechen skr. kapala-s, tarala-s, got. skathuls, abulg. gni-lŭ u. s. w., wie Curtius (a. a. o. p. 8) bemerkt; ὁμαλός und similis finden sich in altir. samail, samal similitudo wider (Ebel beitr. II, 158). Auch zwischen den suffixen -τα-λιο-, -τα-λεο- und lat. -ti-li- besteht kein derartiger zusammenhang, dass man genötigt wäre, sie schon aus einer gemeinsamen graecoitalischen grundsprache herzuleiten. Curtius (a. a. o. p. 11) ist selbst der ansicht, dass sie von participien ausgehen, z. b. ὀπ-τα-λέο-ς von ὀπ-το-ς, coc-ti-li-s von coc-tu-s abgeleitet seien. Dise ableitung aber kann in jeder sprache unabhängig von der anderen vor sich gegangen sein.

Nicht beistimmen kann ich Curtius darin, dass schon in graecoitalischer zeit der wortton nie über die drittletzte silbe hinausgerückt sei (ztschr. IX, 321), denn wir haben in jeder der beiden sprachen unzweifelhafte beispile des hochtons auf der viertletzten silbe: opituma, *Sabinium (vergl. osk. Safinim) konnten iren drittletzten vocal nicht verlieren, wärend er den hochton hatte, optuma, Samnium beweisen also zweifellos eine alte betonung ópituma, Sábinium u. a. (Corssen krit. beitr. 577 ff.; ausspr. II², 902 ff.). Gerade so begreifen sich βέβλημαι, κέκλημαι u. a. nur aus einer alten betonung *βέβαλημαι, *κέκαλημαι (Corssen kr. beitr. 584). Denn der gedanke, dass dise worte etwa aus *βέβαλμαι, *κέκαλμαι durch sogenannte metathesis entstanden seien, ist gänzlich abzuweisen, weil in disem falle die formen im aeolischen und dorischen *βεβλᾶμαι, *κεκλᾶμαι lauten müsten, sie lauten aber in disen dialekten wie im attischen (Ahrens dial. I. 87. II, 132).

welche in beiden vorkommen, sei es in inen allein oder ausserdem in anderen sprachen. Der anhang V verzeichnet 132 griechische worte, für welche bis jetzt nur im lateinischen entsprechende oder verwante nachgewisen sind. Dass das griechische an den s. 2 f. erwähnten eigentümlichkeiten der europäischen sprachen teil nimmt, sei hier noch einmal angedeutet.

Dem gegenüber sind aber auch vile dem griechischen nur mit den arischen sprachen gemeinsame züge nicht zu übersehen. So das von Kern (ztsch. VII, 272 f.) hervorgehobene zusammentreffen mit den arischen sprachen im wechsel zwischen ἀ- privativum und ἀν- priv., wärend lat. *in-*, deutsch *un-* unverändert auch vor consonanten bleiben. Die praeposition *sa-* findet sich nur in griechischen und arischen zusammensetzungen, z. b. ἀ-δελφειός skr. *sa-garbhja-*. Bemerkenswert ist das zusammentreffen von ποτί mit apers. *patij* zu, an, abaktr. *paiti*.

In der conjugation sind ausschliesslich griechisch-arisch das augment und die reduplicierten aoriste (Geiger urspr. u. entw. d. menschl. spr. u. vern. I, 434 ff.). Dass überhaupt in der ganzen conjugation keine sprache sich den arischen so eng anschliesst wie das griechische, braucht kaum ausdrücklich erwähnt und im einzelnen nachgewisen zu werden. Ebenso wenig die höchst wichtige tatsache, dass ausser dem futurum exactum in keiner einzigen neubildung auf disem gebiete griechisch und italisch übereinstimmen.

Die infinitive auf -*ναι*, -*εναι*, -*μεναι* finden nur in den arischen sprachen entsprechendes: ἴδ-μεναι, δό-μεναι = ved. *vid-máne, dá-mane*, abaktr. *ctao-maine* (Benfey or. u. occ. I, 606; II, 97), den infinitiven auf -*εναι* entsprechen ved. *turv-áṇē* zum überwinden, *dhū́rv-aṇē* zum fällen, die einzigen casus, welche von den stämmen *turvan, dhūrvan* vorkommen. Letzteren wird man auch das von Benfey. a. a. o. und M. Müller Rigv. transl. I, p. 33 anders erklärte *dāváne*, anzuschliessen haben. Da das suffix -*van* in der function nomina actionis zu bilden sonst nicht nachgewisen ist, und da ausserdem ein *dá-van* gebend mit anderem accente am ende verschidener composita vorkommt, welches im dat. *dávnē**) von *dāváne* 'zum geben' abweicht, so wird letzteres *dāv-áne* abzuteilen und vor dem suffixe die mit *dā* gleichbedeutende wz. *du* anzunemen sein, welche in der selben gestalt in abaktr. *dāv-ōi* gib erscheint. Wie die gemeinsame benennung der zal tausend allgemein als ein wichtiges zeugniss für die nahe verwantschaft der nordeuropäischen sprachen gilt, so muss ir auch für die verwantschaft des griechischen und arischen erhebliche beweiskraft zuerkannt werden. Skr. *sahasra-*, abaktr. *hazaṅra-* hat nämlich Fick (vgl. wtb. 70) unzweifelhaft richtig in *sa-hasra-* zerlegt und so gedeutet, dass *sa* wie in skr. *sa-kṛt*, griech. *ἑ-κατόν* 'eins' bezeichnet, *hasra-* aber fast ganz identisch ist mit aeol. *χέλλιοι*, für *χεσλιοι. Keine andere europäische sprache kennt dis wort. Nur griechisch-arisch ist ferner das zalsuffix skr. *-ças*, griech. -*κας*, -*κις panḱa-ças* zu fünfen = *πεντά-κις*, skr. *bhāga--ças* teil für teil, wie *ἀνδρα-κάς* mann für mann.

Und wenn wir die götternamen durchmustern, da finden Ἑρμείας, Ἐρινύς, Οὐρανός, Κένταυρος, Τριτο-γένεια, Προμηθεύς, Φλεγύας u. a. nur in Indien verwante, wärend die zal der italisch-indischen gottheiten mit *Saeturnus, Neptunus, Mars, Venus* erschöpft ist, deren letztere im veda aber noch gar nicht personalität gewonnen hat**). Disen gegenüber sind als speciell graecoitalische gottheiten bisher nur Ἑστία-*Vesta* und Διώνη-*Juno*, Ζήν-*Janus* gefunden worden. Und dise sind auch nur modificationen indogermanischer gottheiten, erstere im indischen genius der hofstatt *vāstōš-pati-* widergefunden (Grassmann ztschr. XVI, 172), letztere aus dem indogermanischen *Djaus* entstanden. Die nachweisungen sehe man im anhange V ff. Mythos und religion der Griechen und Italiker weichen irem ganzen charakter nach auf das stärkste von einander ab. 'Familie und stat, religion

---

*) *ōšištha-dávnē* dem ser rasch gebenden, wie Taitt. S. I, 6, 12, 3 nach dem Petersburger wörterbuche V, 1227 zu lesen ist.
**) Von den umbrischen *Tursa, Vesuna, Puemuno, Erino* wissen wir zu wenig, als dass wir Grassmanns erklärungen derselben = skr. *tarša-, vāsanā, pavamāna-, aruṇa-* (ztschr. XVI, 183. 188. 189) für mer als vermutungen gelten lassen könnten.

und kunst sind in Italien wie in Griechenland so eigentümlich, so durchaus national entwickelt worden, dass die gemeinschaftliche grundlage, auf der auch hier beide völker fussten, dort und hier überwuchert und unseren augen fast ganz entzogen ist.' Dis sind die worte eines der angesehensten verfechter graecoitalischer verwantschaft*). Endlich schliesst sich der griechische sprachschatz fast ebenso eng an den arischen wie an den italischen. Der anhang V verzeichnet 132 ausschliesslich graecoitalische worte, der folgende 99 ausschliesslich griechisch-arische. Hiernach werden allerdings die letzteren von ersteren an zal überwogen, jedoch nicht so stark, wie es scheint, wenn man nur die summen beider verzeichnisse einander gegenüber stellt. Es ist ja notorisch, dass das lateinische zalreiche worte aus dem griechischen entlehnt und sich zum teil so assimiliert hat, dass man inen die entlehnung nach lautlichen kriterien nicht mer ansiht, und so sind gewiss in dem graecoitalischen verzeichniss auch manche griechische lehnworte enthalten, welche sich nicht mer von den urverwanten scheiden lassen. Von obigen 132 worten sind 26, also etwa ein fünftel, namen von pflanzen und tieren, von denen bekannt ist, wie leicht sie aus einer sprache in die andere wandern ($ἄβις$, $ἀλκυών$, $ἀράχνη$, $γιννός$, $γρομφάς$, $ἔποψ$, $ἐρωδιός$, $ἐτελίς$, $ἰξός$, $ἴον$, $κῆτος$, $κορώνη$, $κράνος$, $μαλάχη$, $μῆλον$, $μόρον$, $ὄνος$, $ὄροβος$, $πίσος$, $πράσον$, $σπόγγος$, $στρίγξ$, $τίφη$, $ὕραξ$, $χελιδών$, $χήρ$), ferner eine reihe namen von geräten und auf gewerbe bezüglichen worten, deren manche der entlehnung verdächtig sind, *corona, cortina, depso, fides, remus, turris, urceus* u. a. Das griechisch-arische verzeichniss dagegen enthält fast gar keine worte, bei denen entlehnung warscheinlich wäre. Bringt man dis in anschlag, so stellt sich die anzal der nur griechisch-italischen worte der der nur griechisch-arischen ungefär gleich. Man darf jedoch nicht ausser acht lassen, dass das griechische merere jarhunderte früher als das lateinische zur schriftsprache wurde, und dass dadurch

---

*) Mommsen röm. gesch. I⁵, 24.

villeicht merere worte, welche ursprünglich allen Indogermanen gemeinsam waren, und welche damals auch in Italien noch leben mochten, im griechischen erhalten sind, wärend sie uns in den italischen sprachen nur deshalb felen, weil dise erst später schriftlich fixiert sind. Die italischen sprachen entfernen sich vom arischen ungleich weiter als das griechische, da das verhältniss der ausschliesslich italisch-arischen worte (anhang VII) zu den ausschliesslich graecoarischen wie 20 zu 99, also fast wie 1 zu 5 ist. Auffallend gering ist die zal der ausschliesslich graecoitalisch-arischen worte, der anhang VIII besteht nur aus vier numern, doch habe ich auf dise worte erst später geachtet als auf die übrigen, es werden hier also verhältnissmässig mer meiner aufmerksamkeit entgangen sein als in den übrigen verzeichnissen. Nimmt man nun eine graecoitalische grundsprache an, so wird man diser sämmtliche griechischen und lateinischen worte, welche sich im arischen widerfinden, zusprechen müssen. Soll es nun reiner zufall sein, dass von disen 123 worten im italischen nur 24, im griechischen aber 103 erhalten sind? Wer die geographischen verhältnisse in betracht zieht, wird an solchen zufall schwer glauben.

Also auch in Südeuropa besteht das selbe verhältniss wie in Nordeuropa, es gibt keine grenze zwischen den arischen und den europäischen sprachen, das griechische ist ebenso unzertrennlich mit dem lateinischen wie mit dem arischen verbunden. Dass es keine gemeinsame europäische grundsprache gegeben hat, bewis uns schon das slawische, jetzt sind auch die südeuropäische und die graecoitalische grundsprache unhaltbar geworden, und wir sehen überall nur stufenweisen continuierlichen übergang von Asien nach Europa.

Ebenso wenig wie wir die bisher betrachteten sprachen von einander reissen und genealogisch trennen konnten, ist dis bei den noch übrig bleibenden europäischen möglich, wie ich hier nur ganz kurz anzudeuten brauche, da ich dabei auf die resultate der untersuchungen von Lottner, Ebel und Schleicher verweisen kann.

Lottner kommt in seinem oben schon erwähnten aufsatze

über die stellung der Italer zu dem ergebnisse, dass das lateinische nirgends in seiner grammatik eine speciellere verwantschaft mit dem griechischen zeige, vilmer an mereren stellen eine entschidene hinneigung zu den nordischen sprachen (ztschr. VII, 49). Auch seine lexicalischen zusammenstellungen ergeben eine grössere menge gleicher worte und wurzeln zwischen dem lateinischen und den nordeuropäischen sprachen als zwischen dem lateinischen und dem griechischen. Die culturgeschichtlich wichtigsten worte teilt es mit den nordischen sprachen (163 ff.), z. b. *ador* got. *atisk; farr-* got. *baris; grānum* got. *kaurn* u. a. Dem gegenüber sind die engen beziehungen des lateinischen zum griechischen, welche beide sprachen von einander zu trennen verbieten, oben (s. 19 f.) angedeutet.

Die speciellen übereinstimmungen des lateinischen mit dem keltischen haben Schleicher (beitr. I, 437 ff.) und Lottner (beitr. II, 309) hervorgehoben, sie sind zum teil derart, dass sie die zufälligkeit absolut ausschliessen, so die neubildungen des passivs mittels anhängung des reflexivpronomens, dessen *s* im keltischen wie im lateinischen zu *r* geworden ist, obwol das keltische disen lautwandel sonst nicht kennt. Ferner die mit dem praesens der wurzel *bhu* gebildeten futura: *predchibid* = *praedicabit*, und die mit wurzel *as* zusammengesetzten perfecta: altir. *(ro)-gén-sa-m* fecimus gebildet wie lat. *man-si-mus*, anderer gemeinsamkeiten zu geschweigen. Also, was sich bei den bisher betrachteten sprachen herausgestellt hat, gilt auch vom lateinischen, es ist die organische vermittelung zwischen allen seinen nachbaren, dem griechischen, keltischen und deutschen.

Und das keltische ist weiter die organische vermittelung zwischen dem lateinischen und deutschen, wie Ebel (beitr. II, 137—194) ausfürlich dargelegt hat. Ebel fasst das resultat seiner untersuchung folgendermassen zusammen: 'Überall haben sich uns mindestens ebenso bedeutsame analogien des keltischen zum deutschen (und in zweiter linie zum litu-slawischen) ergeben als zum italischen (und sodann zum griechischen); eine art mittelstellung wird somit kaum zu leugnen sein' u. s. w. (s. 194). Und die sätze, mit welchen Ebel seine untersuchung eröffnet, stehen in völligem einklange mit dem in disen blättern entwickelten. Er sagt: 'Die europäischen glider des arischen [d. h. indogermanischen] sprachstammes bilden eine kette, deren beide enden nach Asien hinübergreifen; unverkennbar zeigt die meisten berürungen mit den asiatischen sprachen das griechische, wogegen das slawische wol die meisten speciellen übereinstimmungen mit den iranischen aufweist. Ebenso wie hier schliessen sich auch innerhalb diser kette die nächst gelegenen glider anerkanntermassen zunächst an einander an' u. s. w. Wir können nun allerdings gemeinsame eigentümlichkeiten mererer sprachen unter einer collectivbezeichnung zusammenfassen, z. b. von graecoitalischen gemeinsamkeiten sprechen. Dass inen aber eine historische realität beiwone, d. h. dass es jemals eine graecoitalische grundsprache gegeben habe, aus welcher durch spaltung das griechische und italische hervorgegangen seien, halte ich nicht für erwisen.

Überall sehen wir continuierliche übergänge aus einer sprache in die andere, und es lässt sich nicht verkennen, dass die indogermanischen sprachen im ganzen und grossen desto mer an ursprünglichkeit eingebüsst haben, je weiter sie nach westen vorgerückt sind, und je zwei an einander grenzende sprachen immer gewisse nur inen gemeinsame charakterzüge zeigen. So gibt es grammatische formen, welche, in den arischen sprachen üblich, nicht weiter nach westen erhalten sind als in den europäischen grenzsprachen, dem slawolettischen und griechischen, dahin gehört z. b. der zusammengesetzte aorist, villeicht auch das futurum auf -$sj\bar{a}mi$, doch nicht sicher, da das lateinische futurum exactum ja das selbe suffix hat, wenn es auch im stamme abweicht. Worte und wurzeln, welche nur in den genannten sprachen nachgewiesen sind, verzeichnet der anhang IX. Nur auf dem grenzgebiete von Europa-Asien findet sich der übergang von s in h, im eranischen, griechischen und slawischen zwischen vocalen, anlautend nur in den beiden erstgenannten*).

---

*) Der irische übergang von s zwischen vocalen in h ist durch die

Nur im arischen, griechischen und slawischen hat der pronominalstamm *ja-* relative bedeutung gewonnen, was für die syntax diser sprachen von grosser bedeutung geworden ist. Besonders bevorstechend ist die eigentümlichkeit der betonung. Der freie an keine silbe des wortes gebundene hochton, wie wir in im indischen finden, hat sich in voller unbeschränktheit nur in den an das arische grenzenden slawolettischen sprachen und innerhalb der drei letzten silben in dem ebenfalls an das arische grenzenden griechischen erhalten. Je weiter nach westen eine sprache vorgeschoben ist, desto einförmiger wird ire betonung. Das altlateinische war in seiner betonung noch freier; verliert dise freiheit aber und macht die ganze betonung von der quantität der paenultima abhängig. Die freie betonung im slawischen ist auch nur im osten und süden bei Russen, Bulgaren und Serben bewart, die Westslawen mit ausname der Polaben haben dagegen den ton unabänderlich, die Polen auf die paenultima, die Čechen und Sorben nach deutscher art auf die wurzelsilbe der worte gebannt. Ob die Letten das gleiche betonungsprincip den deutschen colonisten verdanken oder aus eigenem antribe geschaffen haben, bleibt unentschiden.

Wollen wir nun die verwantschaftsverhältnisse der indogermanischen sprachen in einem bilde darstellen, welches die entstehung irer verschidenheiten veranschaulicht, so müssen wir die idee des stammbaumes gänzlich aufgeben. Ich möchte an seine stelle das bild der welle setzen, welche sich in concentrischen mit der entfernung vom mittelpunkte immer schwächer werdenden ringen ausbreitet. Dass unser sprachgebiet keinen kreis bildet, sondern höchstens einen kreissector, dass die ursprünglichste sprache nicht im mittelpunkte, sondern an dem einen ende des gebietes ligt, tut nichts zur sache. Mir scheint auch das bild einer schiefen vom sanskrit zum keltischen in ununterbrochener linie geneigten ebene nicht unpassend. Sprachgrenzen innerhalb dises gebietes gab es

---

in gleicher lage auch andere consonanten ergreifende aspiration bewirkt, also mit dem lautwandel der genannten sprachen nicht zu vergleichen,

ursprünglich nicht, zwei von einander beliebig weit entfernte dialekte des selben A und X waren durch continuierliche varietäten B, C, D, u. s. w. mit einander vermittelt. Die entstehung der sprachgrenzen oder, um im bilde zu bleiben, die umwandelung der schiefen ebene in eine treppe, stelle ich mir so vor, dass ein geschlecht oder ein stamm, welcher z. b. die varietät F sprach, durch politische, religiöse, sociale oder sonstige verhältnisse ein übergewicht über seine nächste umgebung gewann. Dadurch wurden die zunächst ligenden sprachvarietäten G, H, I, K nach der einen, E, D, C nach der anderen seite hin von F unterdrückt und durch F ersetzt. Nachdem dis geschehen war, grenzte F auf der einen seite unmittelbar an B, auf der anderen unmittelbar an L, die mit beiden vermittelnden varietäten waren auf gleiches niveau mit F auf der einen seite gehoben, auf der anderen herabgedrückt. Damit war zwischen F und B einerseits, zwischen F und L andererseits eine scharfe sprachgrenze gezogen, eine stufe an die stelle der schiefen ebene getreten. Derartiges ist ja in historischer zeit oft genug geschehen, ich erinnere nur an die immer mer und mer wachsende macht des attischen, welche die dialekte allmählich ganz aus der schriftsprache verdrängte, an die sprache der statt Rom, welche sämmtliche übrigen italischen dialekte erdrückte, an das neuhochdeutsche, welches in villeicht nicht allzu langer zeit die gleiche vernichtung der deutschen dialekte vollbracht haben wird.

Bilder haben in der wissenschaft nur ser geringen wert, und misfallen jemand die hier gewälten, so mag er sie nach belieben durch treffendere ersetzen, an dem ergebnisse der vorstehenden untersuchung wird dadurch nichts geändert.

Fallen also die in neuerer zeit construierten grundsprachen, die europäische, nordeuropäische, slawodeutsche, südeuropäische, graecoitalische oder italokeltische dem reiche des mythus anheim, so schwindet auch die mathematische sicherheit, welche man für die reconstruction der indogermanischen ursprache schon gewonnen zu haben glaubte. Zwar gibt es eine ganze reihe von worten und grammatischen formen, deren vorhistorische grundformen wir zuverlässig erschliessen können, selbst wenn sie in keiner einzigen sprache unverändert erhalten sind, z. b. ergibt sich aus skr. *bāhu-s*, *πῆχυ-ς*, anord. *bōg-r* zweifellos ein indogermanisches **bhāghu-s*. In anderen aber sind wir ausser stande bis zu einer grundform durchzudringen, das gilt z. b. vom pronomen der ersten person: die europäischen sprachen weisen auf **agam*, die arischen auf **agham* als grundform; skr. *hr̥d* herz und abaktr. *zaredhaēm* weisen auf **ghard* als wurzelbestandteil, *καρδία*, *cor*, altir. *cride*, got. *hairtō*, abulg. *srĭdĭce*, lit. *szirdìs* dagegen auf **kard*; skr. *ē-ka-* eins weist auf *ai-ka-*, abaktr. *aē-va-*, griech. **οἶ-ϝο-* (*οἶος* allein) auf *ai-va-*, griech. *οἴ-νη* einheit, lat. *oi-no-s*, *u-nu-s*, altir. *ōin*, got. preuss. *ai-n-s*, lit. *v-ḗ-na-s*, abulg. *i-nŭ* auf *ai-na-* als benennung der einzal. In disen und anderen fällen finden wir schon in der für unsere wissenschaftlichen mittel letzterreichbaren sprachepoche dialektische variation, und es ist heute noch reine willkür, wenn man dann e i n e der letzterreichbaren wortformen, z. b. *agham* oder *agam* als ausgangspunkt für die anderen ansetzt. Wo drei so verschidene formen wie *ai-ka-*, *ai-va-*, *ai-na-* den abschluss der reconstruction bilden, da verbietet sich ein solches verfaren von selbst.

Eine andere schwirigkeit bei der reconstruction der ursprache entsteht aus der verbreitung der worte in historischer zeit. In wie vil sprachen ein wort vorhanden sein muss, um anspruch auf urindogermanischen adel zu gewinnen, das schin nicht schwer zu entscheiden, wenn man sich die, in welcher weise auch immer, nach rückwärts convergierenden linien eines stammbaumes zeichnen durfte. Dise frage muss nun so lange unentschiden bleiben, bis man die sprachen, etwa in der weise meines anhanges IX, nur in weit grösserer ausdenung darauf untersucht hat, wie sich die in mereren sprachen übereinstimmenden erscheinungen geographisch verteilen. Vor der hand wage ich z. b. von den im neunten anhange verzeichneten worten weder zu behaupten, dass auch Deutsche, Italer und Kelten sie einst besessen haben, noch dis zu verneinen.

Dass eine einheitliche indogermanische ursprache einmal

vorhanden gewesen sei, ist höchst warscheinlich, ja ganz sicher, wenn sich erweisen lässt, dass das menschengeschlecht von einigen wenigen individuen seinen anfang genommen hat. Dis zu erweisen ligt anderen ob, wir müssen uns fürs erste damit bescheiden, dass die sprachwissenschaft mit iren heutigen mitteln noch nicht ganz bis zu ir hindurch gedrungen ist, in manchen fällen vilmer selbst in vorhistorischer zeit auf dialektische variation stösst, vor welcher sie noch als nicht weiter reducierbar stehen bleiben muss. Ja es felt uns auch innerhalb des bis auf die grundformen reducierbaren sprachmaterials noch jede chronologie. Nemen wir z. b. skr. *vidvatsu* = εἰδόσι, so ist zwar nach aller analogie zu schliessen, dass auch diser perfectstamm einmal redupliciert war, ferner dass das stammbildungssuffix in ältesterreichbarer zeit *vant* und das casussuffix *sva*, Schleicher vermutet sogar *svas*, gelautet hat. Geben wir also zu, dass die ältesten formen der drei elemente *vivid-*, *-vant-* und *-svas* (das schluss-*s* ist von Schleicher nur nach analogie anderer pluralcasus hinzugefügt) gewesen sind, so haben wir damit noch nicht die sicherheit gewonnen, dass die form *vividvant-svas*, welche Schleicher in seiner indogermanischen fabel anwendet (beitr. V, 207), in diser totalität einmal gelebt hat. Niemand kann sagen, ob zu der zeit, als die casussuffixe an die nominalstämme zu treten begannen, der stamm unseres wortes noch *vividvant-* oder schon *vidvant-* lautete, und ob das *n* jemals zugleich mit dem locativsuffix vorkam, nicht sogleich mit antritt des selben schwand. Die uns erreichbare grundform eines wortes, stammes oder suffixes ist weiter nichts als das jeweilige endergebniss unserer forschungen über das betreffende sprachelement und nur als solches für die sprachgeschichte von wert. Sobald wir aber eine grössere oder geringere zal von grundformen zusammenstellen und meinen damit ein stück der ursprache, sei es so gross oder so klein es will, aus einer und der selben zeit gewonnen zu haben, schwindet uns aller boden unter den füssen. Die grundformen können in ganz verschidener zeit entstanden sein, und wir haben noch gar keine bürgschaft dafür, dass die grundform A noch unverändert war, als B entstand, dass die zugleich entstandenen C und D auch gleich lange unverändert gebliben sind, u. s. f. Wenn wir also einen zusammenhängenden satz in der ursprache schreiben wollen, kann es leicht geschehen, dass er, wenn auch jedes element des selben für sich richtig reconstruiert ist, als ganzes dennoch nicht besser da steht als die übersetzung eines verses der evangelien, deren einzelne worte man teils aus Vulfilas teils aus des sogenannten Tatians teils aus Luthers übersetzungen entnommen hätte, da alle geschichtliche perspective in der ursprache noch felt.

Die ursprache bleibt demnach bis auf weiteres, wenn wir sie als ganzes betrachten, eine wissenschaftliche fiction. Die forschung wird durch dise fiction allerdings wesentlich erleichtert, aber ein historisches individuum ist das, was wir heute ursprache nennen dürfen, nicht.

In diser untersuchung habe ich das arische, slawolettische griechische, italische u. s. f., wie zu geschehen pflegt, je als ein ganzes betrachtet. In wirklichkeit sind sie dis nicht, und es muss weiterer forschung vorbehalten bleiben zu entscheiden, ob die für das grosse ganze der indogermanischen sprachen hier abgewisene vorstellung der sprachtrennungen und des stammbaumes auf beschränkterem gebiete ire richtigkeit hat, ob z. b. die in historischer zeit erscheinenden slawischen sprachen durch eine oder merere spaltungen aus einer slawischen grundsprache, und dise aus einer slawolettischen grundsprache hervorgegangen sind, oder ob sich auch hier die einzelnen sprachen durch allmähliches wachsen der dialektischen verschidenheiten von einander entfernt haben, wie ich es für eine frühere periode der indogermanischen sprachgeschichte zu erweisen versucht habe.

Anhang.

Im folgenden gebe ich die wortverzeichnisse, deren resultate in der vorhergehenden untersuchung verwertet sind. Die verzeichnisse I—IV stellen das verhältniss des slawolettischen sprachschatzes einerseits zum deutschen, andererseits zum arischen dar, V—VIII das des griechischen sprachschatzes einerseits zum lateinischen, andererseits zum arischen, und IX verzeichnet einige nach westen nicht über das slawolettische und das griechische hinaus vorkommende worte. Die von Fick (vergl. wörterb. d. indog. spr. 507 ff. 421 ff.) und Förstemann (Germania XV, 391 ff., ztschr. f. vgl. sprf. XVII, 354 ff.) zusammengestellten slawodeutschen und graecoitalischen wortverzeichnisse gehen von der voraussetzung aus, dass slawolettisch und deutsch sowie griechisch und italisch innerhalb unseres sprachstammes eine engere einheit bilden und durch spätere spaltung aus je einer grundsprache hervorgegangen seien. Daher streben dise verzeichnisse alle innerhalb der genannten sprachen übereinstimmenden worte zu geben, mögen die selben allein in disen sprachen vorkommen oder auch in anderen nachgewiesen sein. Ja es finden sich in disen verzeichnissen auch worte, welche zwar tatsächlich aus den selben wurzeln mit den selben suffixen gebildet sind, von denen es aber teils warscheinlich, teils sicher ist, dass sie in jeder der genannten sprachen unabhängig von der anderen entstanden sind.*)

---

*) Dahin gehört z. B. Ficks graecoitalisches *kalātor* rufer. Allerdings stimmen καλήτωρ und *calātor, nomen-culātor, nomen-clātor* scheinbar ganz genau überein, wenn wir aber erwägen, dass es im aeolischen und dorischen

Handelt es sich darum die worte zu sammeln, deren übereinstimmung in zwei oder mereren sprachen für die verwantschaftsbestimmung diser sprachen in die wagschale fällt, so wird man nicht alle factisch übereinstimmenden nemen dürfen, sondern nur solche, welche erstens nur in den betreffenden sprachen nachgewisen sind und von denen es zweitens unwarscheinlich ist, dass sie jede sprache für sich gebildet habe. Tatsächlich stimmen z. b. ἄκτωρ und lat. *actor* überein, allein wer bürgt uns dafür, dass nicht jede der beiden sprachen für sich nach sonst bestehenden analogien zu ἄγω, *ago* ἄκτωρ und *actor* gebildet habe? Wir haben hier noch ebenso wenig recht für eine hypothetische graecoitalische vorzeit ein *aktor* anzusetzen, als uns das felen des entsprechenden wortes im sanskrit berechtigt der indogermanischen ursprache die möglichkeit abzusprechen aus der wurzel *ag* ein nomen agentis *ak-tar-* zu bilden. So habe ich z. b. ausgelassen unter den slawolettischarischen worten lit. *sak-tì-s* schnalle (*sègti* schnallen), skr. *sak-ti-* verbindung, unter den graecoitalischen χϑαμα-λός, *humi-li-s*; φιτύ-ω, *futu-o*, unter den griechisch-arischen τέρψις, skr. *trp-ti-s*, sättigung, befridigung; τόνος, skr. *tāna-s* faden, gedenter ton; ϑέμις, ion. gen. ϑέμιος, abaktr. *dāmi-* schöpfung; ἀ-μβροσ-ία, skr. *a-mṛta-m* und manche andere.

Ein wort oder eine wurzel, welche sich noch ausser den in der überschrift jedes verzeichnisses genannten sprachen findet, habe ich principiell von der aufname ausgeschlossen, also felt z. b. unter den graecoitalischen worten bei mir *in-sece* = ἔννεπε, denn lit. *į-sakýti* nachdrücklich sagen zeigt die entsprechende zusammensetzung auch im norden Europas.

Leider bin ich in den keltischen sprachen nicht bewandert,

---

heisst κέκλημαι, ἐκκλησία, dor. κικλήσκω, κατάκλητος (Ahrens dial. I, 87. II, 132), so stellt sich heraus, dass καλήτωρ auf griechischem boden niemals *καλάτωρ gelautet hat, dass auch κλήτωρ, κλητήρ nicht aus *κλάτωρ, sondern aus καλήτωρ entstanden, also vom verbalstamme καλε- gebildet sind; diser scheint, nach hom. καλέσ-σω, καλέσ-σας zu schliessen, aus καλεσ- hervorgegangen zu sein. καλήτωρ ist also durch eine lange geschichte von lat. *calator*, *-clator*, welches von *calare* hergeleitet ist, getrennt.

was ich hier als eine mögliche quelle von felern in meinen verzeichnissen bekennen muss. Es mögen also einige der worte, welche ich als ausschliesslich graecoitalisch oder slawodeutsch aufgefürt habe, wegen ires vorkommens auch im keltischen aus disen verzeichnissen zu streichen sein. Das resultat der vorstehenden untersuchung wird im wesentlichen dadurch nicht erschüttert werden, denn da alle autoritäten darin einig sind, dass lateinisch und deutsch dem keltischen vil näher stehen als griechisch und slawisch, so werden von meinen verzeichnissen das deutsch-slawische, deutsch-arische, italisch-griechische und italisch-arische vil mer der verminderung durch das vorkommen eines irer worte im keltischen ausgesetzt sein als das slawisch-arische und griechisch-arische. Das heisst also, ich laufe vil mer gefar die speciellen übereinstimmungen zwischen dem slawischen und deutschen sowie zwischen dem griechischen und italischen numerisch zu hoch anzuschlagen, als die zwischen dem slawischen und arischen einerseits, dem griechischen und arischen andererseits. Dadurch würde in dem europäische und arische sprachen vermittelnden charakter des slawolettischen und griechischen das arische element noch mer hervortreten als es nach meinen sammlungen scheint, die unwarscheinlichkeit einer slawisch-litauisch-deutschen und einer graecoitalischen grundsprache also noch erhöht werden.

Eben dahin wirkt noch ein anderer umstand. Lehnworte beweisen natürlich für die verwantschaft der entlehnenden sprache gar nichts. Nun ist es bis jetzt noch unmöglich die ältesten vorhistorischen entlehnungen zwischen zwei nahverwandten sprachen von den urverwanten worten scharf zu scheiden. Wo ein wort durch seine form gegen die lautgesetze oder den lautbestand der sprache, in welcher es angetroffen wird, verstösst*), oder wo wir sein auftauchen in der betreffen-

---

*) Ich bemerke hier, dass eine slawische oder litauische tenuis an stelle von ursprünglicher media oder media aspirata nicht unbedingt entlehnung des betreffenden wortes aus dem deutschen beweist, s. Lottner ztschr. XI, 181; verf. beitr. VI, 148; z. gesch. d. indog. vocal. I, 72,

den sprache historisch nachweisen können, da ist die entlehnung nicht schwer fest zu stellen. Aber die worte, welche entlehnt wurden, da die mit einander in austausch tretenden sprachen einander noch näher standen als in historischer zeit, vor eintritt der später das kriterium der entlehnung gebenden lautgesetze, oder deren formen sich mit den lautgesetzen beider in frage kommenden sprachen vertragen, dise worte von den urverwanten zu scheiden sind wir bis jetzt noch ausser stande. Nun ist es bei der nahen verwantschaft und dem regen verkere, in dem wir Deutsche, Litauer und Slawen einerseits, Griechen und Römer andererseits sehen, vil leichter möglich, dass ein wort, welches sich nur in einem diser sprachpare findet, heute den schein eines urverwanten trägt, wärend es in wirklichkeit aus einer sprache in die andere entlehnt ist, als dass ein wort, welches die Slawen oder Griechen von den Ariern entlehnten oder umgekert so glücklich graecisiert oder slavisiert sein sollte, dass es den schein eines urverwanten angenommen hätte. Daraus folgt widerum, dass in dem nordeuropäischen (I) und graecoitalischen verzeichnisse (V) warscheinlich mer lehnwörter enthalten und also später zu streichen sein werden als in dem slawolettisch-arischen (II) und griechisch-arischen (VI), d. h. dass die übereinstimmungen des slawolettischen und griechischen wortschatzes mit dem arischen verhältnissmässig zalreicher sein werden als aus meinen zusammenstellungen hervorgeht.

Dise zusammenstellungen erheben natürlich keinen anspruch auf vollständigkeit, welche, wenn für den augenblick überhaupt erreichbar, doch immer nur für disen augenblick gelten, mit jedem fortschritte der etymologischen forschung aber wider verloren gehen würde. Bei solchen sammlungen kommt es ja vornemlich darauf an das numerische verhältniss, in welchem die übereinstimmungen eines sprachschatzes mit disem oder jenem anderen zu einander stehen, im allgemeinen darzulegen, und dazu sind die folgenden wol reichhaltig genug. Wenigstens glaube ich ganz unparteiisch verfaren zu sein, und wenn ich auf der einen seite etwas übersehen habe, so wird das wol durch übersehen auch auf der anderen seite im ganzen wider ausgeglichen sein. Wer die schwirigkeiten und bedenken, mit welchen man beim zusammenstellen solcher wortverzeichnisse fast auf schritt und tritt zu kämpfen hat, aus erfarung kennt, wird meinen versuch nachsichtig beurteilen. Vor allem war geboten nur möglichst sichere fälle aufzunemen. Unter disen sind selbstverständlich die meisten schon bekannt. Bei einigen der allerbekanntesten hielt ich mich litterarischer nachweisungen für enthoben; bei den übrigen habe ich mich der raumersparniss wegen begnügt auf die zugänglichsten hilfsmittel zu verweisen, welche weitere auskunft geben. Dabei bedeutet:

C. = Curtius grundzüge der griechischen etymologie, dritte auflage;

F. = Fick vergleichendes wörterbuch der indogermanischen sprachen;

L. = Lottners graecoitalisches wörterverzeichniss ztschr. VII, 170—178;

M. = Miklosich lexicon palaeoslovenico-graeco-latinum;

voc. = Joh. Schmidt zur geschichte des indogermanischen vocalismus.

I. Worte und wurzeln, welche bisher nur in den nordeuropäischen sprachen nachgewisen sind.

A. In allen drei sprachfamilien vorkommende.

1. lit. *álkti*, ab. *alŭkati, lakati* hungern, ahd. *ilgi* fames.
2. lit. *alùs* bier, preuss. *alu* met, ab. *olŭ σικέρα*, ags. *ealu*, an. *öl* bier, M.
3. lit. *ar-kla-s* hakenschar zum zwiebracken, ab. *ralo* pflug, mhd. *arl* pflugmesser (Grimm wörterb. I, 551), grundform *ar-tla-*.
4. preuss. *assanis*, ab. *jesenĭ* herbst, got. *asans* sommer, ernte, F. 510.
5. lit. *básas*, ab. *bosŭ* barfuss, ahd. *bar* nackt, ledig, F. 533.

6. lit. *bléndża-s, blę́sti-s* sich verdunkeln von der sonne, *blį̇sta, blìndė, blį̇sti* es wird abend, der himmel bezieht sich, got. *blinds*, F. 534, ab. *blědŭ* bleich (*ĕ* = *en*, voc. I, 85).

7. ab. *bra-vŭ* animal, serb. *brav* 1) schafvih 2) aper castratus, russ. *borovŭ* eber, an. *bör-g-r*, ags. *bear-g* ahd. *paruc* verres, majalis, ferner ags. *bār*, engl. *boar*, ahd. *pēr*, pl. *pēri*, mhd. *bēr* zuchteber, nhd. *ber, beier* (Grimm wörterb. I, 1124. 1368), langob. *sonarpair;* Grimms vermutung, das *r* sei aus *s* entstanden, welches in der variante langob. *sonor-paiz* erhalten sei (gesch. d. d. spr. 695) wird durch das slawische widerlegt; der diphthong erklärt sich durch umlaut: *bairi-* aus **bar-i-* wie got. *daili-* aus lit. *dalis, haila-* aus skr. *kalja-* u. a.; villeicht steckt in preuss. *wissambers* eber ein verwantes wort; wurzelverwant mit *bra-vŭ* ist auch ab. *bar-anŭ* vervex.

8. ab. *dągatŭ* bunt, lit. *dážas* tunke, farbe, *dažýti* tunken, färben, *dáglas* Don., jetzt *déglas* weiss und schwarz gefleckt von schweinen, ags. *deágan, deóg* färben, ahd. *tugot* variatur Gf. V, 369 (variatus? = ab. *dągatŭ?*).

9. ab. *dążĭ* stark, lit. *daúg* vil, got. *dugan* taugen, gesch. d. ind. voc. I, 172.

10. ab. *dlŭbą, dlŭbsti* aushölen, *dlato* meissel = preuss. *dalptan* (Burda beitr. VI, 394), ags. *delfan*, ahd. *telpan, delban* graben, M., F. 528.

11. ab. *cělŭ*, got. *hails*, preuss. *kail-ūst-iskun* acc. gesundheit, M., F. 512 (gemeinsam ist nur die epenthese, vgl. skr. *kalja-s*, καλός, κάλλος).

12. ab. *črěda* ἐφημερία, vices diariae, preuss. *kērda* zeit, ahd. *herta* wechsel, Fick ztschr. XX, 167.

13. preuss. *dragios* hefen, ab. *droždiję̇* f. pl., an. *dregg* f., gen. *dreggjar* fermentum.

14. lit. *galvà*, preuss. *gallū* kat. haupt, *galwas-dellīks* hauptstück, ab. *glava*, an. *kollr* kopf, Förstemann Germania XV, 393.

15. lit. *nu-si-gą́sti*, ab. *u-žasnąti*, got. *us-geisnan* sich entsetzen, voc. I, 56. 86.

16. lit. *girnos*, ab. *žrŭny*, got. *-qairnus*, ahd. *quirn* müle, M.

17. ab. *gladŭkŭ,* lit. *glodas* glatt, serb. russ. *glista* spulwurm, regenwurm, ahd. *glat,* ags. *glīdan* gleiten, voc. I, 58.
18. ab. *gnetą, gnesti,* zusammendrücken, preuss. *gnode* backtrog, ahd. *chnetan.*
19. preuss. *grabis* berg, ab. *grŭbŭ* rücken, *gęŭbŭ, grŭba* ein den körper nach rückwärts beugender krampf, russ. *gorbitĭsja* sich beugen, lit. *grubus* holperig, *nu-grubti* uneben werden, zusammenschrumpfen, ahd. *chramph* gekrümmt, mhd. *krampf* spasmus, ahd. *chrimfan* zusammenziehen, an. *kreppa.*
20. ab. *gradŭ* mauer, garten, stall, statt, lit. *gàrdas* hürde, got. *gards,* M.
21. lit. *granda, grandis, grindis* dile, bretterboden, preuss. *grandico* bole, ab. *gręda* balken, an. *grind* gitter, ags. *grindel,* ahd. *crintil* balken, rigel, stange, Diefenbach, got. wrtb. I, 392.
22. ab. *gruda* (erd-)scholle, (schnee-)flocke, (tau-)tropfen, poln. *gruda* gefrorene erdscholle, lit. *grùdas* korn, kern, tautropfen, *grŭ̃das* gefrorene scholle, an. *grjōt* steine, ahd. *grioz* sandkorn, an. *grautr* grütze, F. 521.
23. ab. *iskati,* lit. *jĕszkóti* suchen, ahd. *eiscōn* wünschen, M. (denom. von ab. *iska,* ahd. *eisca,* das im lit. verloren ist, primitiv skr. *iḱḱhati* suchen, wünschen).
24. serb. *jasika,* lit. *ŭ́sis,* preuss. *woasis,* an. *askr,* ahd. *ask* esche, F. 510.
25. ab. *kolo,* gen. *kolesa* und *kola,* preuss. *kelan,* an. *hvel* n. rad, Förstemann, Germania XV, 399.
26. ab. *ladij, ladija,* lit, *eldija* kan, schwed. *jol, jolle, julle,* dän. *jolle,* ndl. *jol,* ndd. *jolle.*
27. lit. *lápas* blatt, nslov. *lepen,* got. *laufs,* M., F. 539.
28. lit. *linksmas* froh, erfreulich, lett. *līgsms,* ab. *līza, po-līza* nutzen, dessen *z,* wie die schreibart alter quellen beweist, erst im slawischen aus *gj* entstanden ist, got. *leikan,* gefallen, gefallen finden, voc. I, 92.
29. ab. *ljudŭ, ljudije* volk, leute, lett. *laudis,* ahd. *liut, liuti* M.

30. ab. *lomiti*, preuss. *limtwci* brechen, ahd. *lam* gebrechlich, lam, F. 540.
31. ab. *loši* mager, serb. *loš* schlecht, lit. *lė́sas* mager, got. *lasivs* schwach, ags. *lässa* minor, *läsast* minimus, F. 540.
32. ab. *mǫčiti* plagen, lett. *mákt*, ahd. *mūhhan* grassare, praedare, voc. I, 167.
33. ab. *narǐ* der tote, lett. *nawe* tod, preuss. *nowis* rumpf(?), got. *naus* der tote, M., F. 529; wenn die slawolettischen worte nicht deutsche lehnworte sind, so besteht gar kein zusammenhang mit νέκυς, abaktr. *naçu-s*, sondern mit ab. *u-ny-ti* ermatten, *u-ny-vati* den mut sinken lassen, warscheinlich auch mit ahd. *niuwan, nūwan, nouwan* stossen, zerstossen, Graff IV, 1125.
34. poln. russ. *osina* espe, preuss. *abse*, lett. *apsa* ahd. *aspa*, espe, zitterpappel.
35. ab. *pivo*, lit. *pývas*, preuss. *piwis* bier, an. *bior*, Schleicher ztschr. VII, 224.
36. ab. *plŭkŭ*, lit *pùlkas*, ahd. *folc* M.
37. ab. *prǫgŭ* heuschrecke, lit. *sprúgti* entspringen, as. *springan* (*s* verloren wie in *prędati*, got. *sprauto* s. 42.).
38. lit. *sergù, sirgti* krank sein, *sarginti* einen kranken pflegen, ab. *sragŭ* furchtbar, streng, got. *saurga* sorge, ahd. *sworga, sorga*.
39. ab. *sěti* strick, lit. *sëtas, pa-saitas* riemen, gehenk, ahd. *seito*, ags. *sāda* strick, seite, F. 546.
40. ab. *sǐrebro* Supr. 318, 4. 26. 28, *sŭrebro* Ostr. und glag. Cloz., preuss. *sirablan* acc. katech. *siraplis* nom. vocab., lit. *sidábras*, got. *silubr* silber.
41. ab. *skrada, skvrada, skovrada* tiegel, pfanne, herd, lett. *skārde* blech (lit. *skauradà, skaradà, skarvadà* russ. lehnwort), mhd. *schart* tiegel, pfanne, ahd. *skart-īsarn* clibanum, craticula.
42. ab. *slědŭ* spur, lit. *lendù, lįsti* kriechen, ags. *slīdan* gleiten, voc. I, 58.
43. lit. *slinkti* kriechen, schleichen, ab. *slǫkŭ* krumm, ags. *slincan* kriechen, ahd. *slīchan*, voc I, 54.

44. ab. *smučati, smykati sę* kriechen, lit. *smunkù, smùkti* herabgleiten, anord. *smjúga* hineinkriechen, anziehen, Pott wzwtb. III, 351.
45. ab. *stado* herde, żem. *stodas* herde, besonders von pferden, an. *stōð*, ahd. *stuot* herde von pferden, M., F. 550.
46. russ. *sulítĭ* versprechen, lit. *siùlyti* anbieten, got. *saljan* darbringen.
47. lit. *tikiù, tikéti* glauben, vertrauen, ahd. *dingan* hoffen, zuversichtlich glauben, F. 524, ab. *tŭčiti λογίζεσθαι*?
48. ab. *trądŭ δυσεντερία*, lit. *trésti*, anord. *drīta* cacare, voc. I, 57.
49. lit. *trandys* milbiger staub, poln. *trąd* aussatz, got. *thruts--fill* aussatz, voc. I, 160.
50. ab. *trĕsnąti* einschlagen (v. blitze), *trĕskŭ* krach, *troska* blitzschlag, lit. *tarszkéti, traszkéti* klappern, rasseln, got. *thriskan* dreschen, M., F. 525.
51. ab. *trudŭ*, anord. *thraut* arbeit, not, got. *us-thriutan* verdruss bereiten, voc. I, 160, auch lit. *triùsas* (s. Schleicher Don. gl.) arbeit, anstrengung, *triusù, triùsti* arbeiten, sich bemühen sind wol urverwant (*triud-s-*), wärend *trúdnas* beschwerlich slawisches lehnwort ist.
52. lit. *túkstantis*, preuss. *tūsimtons* acc. pl., ab. *tysąšta*, got. *thusundi* tausend.
53. lit. *vàrgti* elend sein, *vàrgas* not, preuss. *wargs* schlecht, ab. *vragŭ* feind, teufel, an. *vargr* wolf, übeltäter, M.
54. ab. *vedro* klares wetter, ags. *veder*, ahd. *wetar* gutes und schlechtes wetter, lit. *audra* orkan, F. 542.
55. ab. *vina* ursache, schuld, lett. *vaina* schuld, *vainigs* schuldig, schadhaft, got. *vainags* elend.
56. russ. *voroby* haspel, zwirnmüle, preuss. *wirbe* seil, (falls sein *b* nicht graphisch für *v* steht: lit. *virvé*, ab. *vrĭvĭ*), an. *varp*, ahd. mhd. *warf* aufzug des gewebes, welche also nicht zu *vairpan* zu stellen sind, lit. *vèrpti* spinnen (*p* für *b* wie in *silpnas, pupà* u. a.).
57. ab. *voskŭ*, lit *vászkas*, ahd. *wahs* wachs, F. 544.

58. ab. vŭnukŭ enkel, lit. anukas, ahd. eninchil.
59. ab. zemlja, lit. žėmė land, got. gavi weisen sämmtlich auf einen stamm gham-ja-, voc. I, 173.

B. Slawisch-deutsche worte und wurzeln.

1. ab. blędą, blęsti, blądiłi irren, huren, got. blandan refl. sich vermischen, verkeren mit, engl. blunder irren, M., Diefenbach vgl. wtb. I, 305.
2. ab. bolĭ krank, an. böl, ahd. balo, gen. balawes verderben, got. balva-.
3. ab. brady axt, ahd. barta, M.
4. russ. čemerica, mhd. hemere nieswurz, F. 513, wo noch weitere vergleichungen.
5. ab. črědŭ fest, got. hardus.
6. ab. črěmŭ zelt, ahd. scirm, scerm.
7. ab. dęgŭ riemen, anord. taug f. strick, sene, M. (falls taug nicht zu tjúga gehört).
8. russ. dergatĭ zerren, ab. raz-dražiti necken, reizen, ndl. tergen zerren, reizen, nhd. zergen.
9. ab. dręselŭ, dręchlŭ traurig, verstimmt, ahd. trūrēn trauern, trūreg traurig, welche mit den gewönlich verglichenen ahd. trōr, an. dreyri, ags. dreór cruor, got. driusan nichts gemein haben; ist mit erhaltenem nasal ahd. trinson lamentationes Graff V, 542 hierher zu stellen?
10. ab. ględati sehen, mhd. glinzen, ahd. glīzan glänzen, voc. I, 57.
11. ab. gorje das weh, got. kara sorge, as. kara, ahd. chara leid, kummer, wehklage.
12. ab. grąbŭ roh, unerfaren, nhd. mhd. grob dick, roh, ungebildet, Diefenbach ztschr. XVI, 222; (ahd. o = u = am).
13. ab. jadŭ, ědŭ gift = ahd. eiz geschwür, eiterbeule, eitar gift, an. eitr.
14. ab. jędrŭ schnell, ahd. atar acer, sagax, celer, F. 509 (M. vergleicht ἰϑαρός).
15. ab. klada balken, klotz, ags. holt, ahd. holz, M.
16. ab. kladą, klasti legen, got. hlathan, M.

17. russ. *klenŭ* ahorn, anord *hlunr*, *hlynr*, F. 516.
18. ab. *konobŭ* becken, gefäss, ahd. *hnapf*, F. 514?, s. Mikl. fremdwörter.
19. ab. *krasta* krätze, ausschlag, nhd. *harsch* rauh, hart, engl. *harsh*, schott. *hars*, *harsk*, schweiz. *harst* harter schnee, der weich war und gefroren ist, Stalder II, 22.
20. serb. *kuka* haken und ein werkzeug zur bearbeitung des bodens. Wuk (lexicon) beschreibt es: von der einen seite wie eine reuthacke, von der anderen wie ein grosser schnabel, man gebraucht es zur bearbeitung von steinigem boden; *kuka* geht nebst ab. *kuko-nosŭ* krummnäsig auf die voc. I, 153 besprochene wz. *kank* und ist fast identisch mit got. *hōha-n-* pflug aus **kank-a-n-*.
21. ab. *lapa* tatze, got. *lofa* flache hand, ztschr. XIX, 272.
22. ab. *lebedĭ*, ahd. *albiz* schwan, M.
23. ab. *lĭstĭ*, got. *lists* list, M., F. 541.
24. ab. *luditi*, *luždevati* täuschen, got. *liuts* heuchlerisch, betrügerisch.
25. ab. *lŭgati*, got. *liugan* lügen, M., F. 541.
26. ab. *mlŭnij* f. blitz, an. *Mjölnir* Thors hammer (Grimm myth.[3] 1171). *myln* feuer; preuss. *mealde* blitz ist, wenn richtig gelesen, wenigstens wurzelverwant.
27. ab. *mrakŭ*, an. *mörkvi* finsterniss, falls das von Benfey wzlex. II, 358, L. Meyer ztschr. VIII, 362 verglichene *νυκτὸς ἀμολγῷ* nicht dazu gehört.
28. ab. *nuta* rind, polab. *nōtō* acc. sg. herde, vih, anord. *naut* rind, ahd. *nōz* vih (entlehnt?).
29. serb. *pas-mo* anzal garnfäden, ahd. *fas-a* faser, franse, M.
30. ab. *pęstĭ*, ahd. *fūst* faust, voc. I, 167.
31. ab. *pręr̄dati* springen, poln. *prędki* schnell, *prąd* stromschnelle, got. *sprautō* schnell (s verloren wie in *prągŭ*, as. *springan* s. 39, *pěna*, preuss. *spoayno*).
32. ab. *račiti* wollen, as. *rōkjan*, ahd. *ruochan*, M.
33. ab. *rebro* rippe, ahd. *ribbi*, *rippi*, M., F.
34. ab. *sędra* tropfen, klumpen, ahd. *sintar* metallschlacke, F. 547 (skr. *sindhu-*).

35. ab. *selitva* wonung, got. *salithvōs*, F. 547.
36. ab. *silo*, ahd. *seil*, M, F. 546.
37. ab. *skala* stein, got. *skalja* ziegel, M., F. 549.
38. ab. *skrĕnja* scherz, ahd. *scern* scherz, F. 549.
39. ab. *skvrĭna* besudelung, an. *skarn* mist, M., F. 549.
40. ab. *sliva* pflaume (lit. *slyva*, preuss. *sliwaytos* entlehnt), ahd. *slēa, slēha*, M., F. 552.
41. ab. *sramŭ* scham, schande, dtsch. *harm*, M.
42. ab. *stĕna* wand, serb. *stijena* felswand, fels, got. *stains*, M., F. 549.
43. ab. *strĕla* (lit. *strēlà* entlehnt), ahd. *strāla* pfeil, M., F. 552.
44. poln. *swędzić* anbrennen, anord. *svīða*, ahd. *swethan* brennen, voc. I, 58.
45. ab. *svrabŭ* krätze, jucken, russ. *sverbětĭ*, poln. *świerzbieć* jucken, got. -*svairban* wischen, an. *sverfa* feilen, glätten, M.
46. ab. *štirŭ* lauter, got. *skeirs* klar, M.
47. ab. *veštĭ*, got. *vaihts* ding, M., F. 541.
48. ab. *vrĕdŭ* beschädigung, aussatz, *vrĕditi* beschädigen, got. *fra-vairthan* zu grunde gehen, *fra-vardjan* verderben, ahd. *wartan* violare, vulnerare.
49. ab. *žŭą, žĭvati* kauen, ahd. *chiuwan*, M.
50. ab. *žlĕza* glandula, ahd. *chelch* struma.

C. Litauisch-deutsche worte und wurzeln.

1. lit. *báldyti, bildéti* poltern, nhd. *boldern, poltern*, F. 533.
2. lit. *baudżŭ, baústi* züchtigen, schlagen, ags. *beátan* schlagen.
3. lit. *brinkti* quellen, schwellen von erbsen und anderen körnern, die in wasser gelegt werden, *branka* das schwellen diser körner, *brùkti* drängen, zwängen einprägen, got. *ana-praggan* bedrücken, mhd. *phrengen, pfrengen* einzwängen.
4. lit. *gabénti* bringen, verschaffen, got. *giban*.
5. lit. *géla* schmerz, *gélti* schmerzen, weh tun, *Gil-tinĕ* todesgöttin, preuss. *golis* der tod, *gallans* die toten, ahd. *quilu*,

quelan cruciari, an. *kvelja* cruciare, necare, ags. *cvellan*, engl. *kill* töten.

6. lit. *glóbti, globóti* umarmen, umfassen, *glėbýs* armvoll, preuss. *po-glabū* er hertzete, umarmte, ags. *clyppan*, engl. *clip*, afris. *cleppa* umarmen, ahd. *cläfdra*, mhd. *kläfter*, Hildebrand dtsches wtb. V, 904; F. 519.
7. lit. *gnýbti, gnáibyti* kneifen, mnd. nnd. *knīpen*.
8. preuss. *instran* schmer, an. *īstur* ntr. fett, Förstemann Germ. XV, 394.
9. lit. *kaistù, kaitaú, kaisti* heiss werden, got. *heito* fieber, ahd. *heiz*.
10. lit. *kalbėti* reden, got. *hrōpjan*, ztschr. XIX, 273; Förstemann Germania XV, 401 setzt lit. *kalbà* = an. *skalp* rede.
11. lett. *kauns* schande, scham, hon, got. *hauns* nidrig, demütig, F. 512.
12. lit. *kiaúszė* schädel, lett. *kausis* schale, schädel, anord. *haus-s*, beitr. VI, 148.
13. preuss. *klente* kuh, ahd. *hrind*, F. 515.
14. preuss. *knaistis* brand, an. *gneisti* m. funke (ahd. *ganehaista* u. s. w. Graff IV, 296, Gr. II, 370. 754 sind dunkel).
15. lit. *kuprà* höcker, ahd. *hovar*, voc. I, 162.
16. lit. *kùr* wo, got. *hvar*, lit. *kùrs*, st. *kurja-* welcher, got. *hvarjis*, ztschr. XIX, 272. 274.
17. lit. *kvëtýs* weizenkorn, pl. *kvëczei* weizen, got. *hvaiteis* (preuss. *gaidis* weizen, F. 516, gehört wol nicht hierher, sondern zu ab. *žito* getreide).
18. preuss. *laydis* lem, an. *ledja* f. lutum, ahd. *letto* m. tohn.
19. lit. *lėsti* picken, körner auflesen, *ap-lasyti* bepicken, die guten körner von den schlechten sondern, auslesen, got. *lisan* zusammenlesen, sammeln.
20. lit. *pa-liáuti* aufhören, got. *af-linnan* (*au* = *an* voc. I, 176).
21. lit. *médis* baum, an. *meiðr* baum, Grimm gesch. 412, myth.[3] 769.
22. lit. *mezgù, mėgsti* stricken, verknüpfen, *mázgas* knoten, schlinge, ahd. *masca* masche.

23. preuss. *pannean* mosbruch, got. *fani* kot, ags. an. *fen* ntr. sumpf, mor, F. 530.
24. lit. *plùnk-sna* feder, preuss. *plauxdine* federbett, ahd. *fliogan.*
25. lit. *pùk-as* flaumfeder, *paùk-sztis* vogel, got. *fug-ls.*
26. lit. *pŭ́lu, pùlti* fallen, ahd. *fallan.*
27. lit. *pùrvas* kot, *pùrvinti* besudeln, ahd. *farawa* farbe?
28. lit. *siunczù* schicke, got. *sandja* (altir. *sét* weg), beitr. VI, 149.
29. lit. *spenýs*, preuss. *spenis* zitze, ahd. *spunni* mutterbrust, F. 551.
30. lit. *sugti* winseln von hunden, got. *svōgjan* seufzen, Förstemann German. XV, 404.
31. lit. *svèrti* wägen, *svàras* gewicht, *svar-bùs* schwer, ahd. *swār* schwer.
32. lit. *vàbalas* käfer, ahd. *wibil* scarabaeus, F. 542.
33. lit. *vágis*, gen. *vágio* zapfen, pflock, keil, ahd. *weggi, wekki* keil, F. 541.
34. lit. *válgyti* essen, ahd. *swelgan, swelhan* verschlucken, Förstemann German. XV, 404.

II. Worte, welche bisher nur in den slawolettischen und arischen sprachen nachgewisen sind.

1. lit. *anglìs*, ab. *ǫglĭ* kole, skr. *angāra-* m. n., M.
2. lit. *assins* blut, skr. *asan-*, F. 18 (mit *r* skr. *asra-m, asrǵ-*, ἔαρ, lat. *assir, assarātus*).
3. lit. *aszarà* trähne, skr. *açra-m, açru,* abaktr. *açru.*
4. preuss. *balsinis* kissen, *po-balso* pfül, skr. *upa-barha-s* kissen, *upa-barhana-m* decke, polster, F. 132, skr. *barhis* opferstreu, abaktr. *barezis* decke, matte.
5. lit. *bangà* welle, skr. *bhanga-s* bruch, welle, F. 134.
6. lit. *bàzmas* grosse menge, skr. *bahu* vil, armen. *bazum* vil.
7. ab. *bezŭ* one, praep. c. gen., lit. *be,* preuss. *bhe* (in der erklärung der zweiten bitte, Nesselmann hat es s. 14, § 21

mit dem vorhergehenden *ir*, von dem es im originaldrucke getrennt ist, zusammengedruckt und verzeichnet im glossar '*irbhe* ohne'), skr. *bahis* draussen, ausserhalb von (ablat.), *bāhja-* aussen befindlich, F. 222; mit Miklosich vergl. gr. IV, 198 *be-zŭ* zu teilen und dis von lit. *be* in der selben weise herzuleiten wie *vŭ-zŭ* von *vŭ*, wird durch lett. *bes*, welches den zischlaut auch ausserhalb des slawischen zeigt, erschwert.

8. lit. *bijóti-s*, preuss. *biātwei*, ab. *bojati sę* sich fürchten, abaktr. *bī*, *bajaiti* erschrecken, skr. *bhī*, ved. *bhajatē* sich fürchten.
9. ab. *bogŭ* gott, abaktr. *bagha-*, apers. *baga* gott, phryg. *Βαγαῖος*, skr. *Bhaga-s* einer der Aditja, F. 133.
10. ab. *bogŭ reichtum in dem namen des sonnengottes *Daždĭbogŭ* (gib reichtum), *ne-bogŭ* arm, unglücklich, *u-bogŭ* dass. (*u* = skr. *an-*, welches sonst im slawischen verloren ist), *bogatŭ* reich (lit. *nabdgas*, *ùbagas*, *bagótas* entlehnt), skr. *bhaga-s* wolstand, glück.
11. ab. *bronŭ* falb, weisslich, zur bezeichnung weisser pferde, čech. *brůna* schimmel (pferd), skr. *bradhna-* rötlichgelb oder falb, besonders als farbe des pferdes, F. 132.
12. lit. *dainà* volkslied (metrisches 'gesetz'?), abaktr. *daēna* gesetz?
13. lit. *degù* brenne, ab. *žegą* aus *ždegą* (beitr. VI, 140), dessen spur sich auch im polabischen erhalten hat (Schleicher polab. spr. 273, 8), skr. *dahāmi*, abaktr. *dažaiti* verbrennt, nur in disen sprachen als verbum.
14. lit. *děna* trächtig von kühen, stuten und anderen tieren (Ness.), skr. *dhēnā* milchende kuh, F. 104.
15. ab. *desĭnŭ* dexter, lit. *deszinĕ* rechte hand, skr. *dakšina-*, abaktr. *dašina-*, M., in den übrigen sprachen mit anderem suffixe.
16. lit. *dů̃na* brot, skr. *dhānās* f. pl. getreidekörner, Pictet origines II, 313.
17. lit. *gestù*, *gèsti*, ab. *gasnąti* erlöschen, ausgehen, lit. *gesyti*, ab. *gasiti* auslöschen trans., abaktr. *zah* erlöschen, skr. *ģas-atē* erschöpft sein, *ģāsajati* erschöpfen, auslöschen, Pott wzwtb. I¹, 2, 372 ff.

18. lit. *ginù, ginti* weren, verteidigen, *genù, ginti* vih treiben, austreiben, *genù, genéti* die äste am baume abhauen, beschneiden, ab. *ženą, gănati* treiben, vertreiben, *žinją, žęti* abmähen, ernten, skr. *han-ti* schlagen, töten, abaktr. *ǵan* schlagen, töten, mit *aipi* verjagen, M., F. 67; als verbum nur in disen sprachen erhalten, die wurzel mit gutturalem anlaute noch in ahd. *gund,* an. *gunnr,* ags. *gūð* kampf.
19. ab. *gora* berg, skr. *giri-s,* abaktr. *gairi-s,* M., F. 60.
20. ab. *griva* mäne, *grivĭna* halsband, skr. *grīvā* nacken, M., B-R.
21. ab. *javě* offenbar, lit. *ovije* im wachen, skr. abaktr. *āvis* offenbar, M.
22. ab. *jędro* nucleus, testiculus, skr. *aṇḍa-m* ovum, testiculus, F. 9.
23. ab. *językŭ,* preuss. *insuwis* zunge, apers. *izāvam* linguam, doch ist das wort nicht ganz sicher, da die beiden ersten buchstaben von Oppert nur ergänzt sind (Spiegel keilinschr. s. 20, z. 74), abaktr. *hizva* f., *hizu-* m. — lit. *lëżùvis* zunge ist an *lêżti* lecken angelent und hat von da sein *l* erhalten.
24. lit. *jŭ̃das* schwarz, skr. *andha-* blind und beiwort der finsterniss F. 9, lit. *j* vorgeschlagen s. beitr. VI, 147.
25. lit. *kadà* wann, *tadà* dann, serb. *kada, tada* (ab. an deren stelle getreten *kog-da, tog-da*), skr. *kadā, tadā,* abaktr. *kadha, tadha.*
26. lit. *kándu, kąsti* beissen, ab. *kąsŭ* stück, bissen, *kąsati* beissen, skr. *khād-ati* kauen, zerbeissen, voc. I, 34.
27. lit. *kartùs* bitter, barsch, ranzig v. geschmack, skr. *kaṭu-* scharf, beissend v. geschmack, F. 37.
28. preuss. *kirsnan* schwarz, ab. *črĭnŭ,* skr. *kṛṣṇa-*, M., F. 38.
29. ab. *krŭkŭ,* čech. *krk,* poln. *kark* hals, nacken, skr. *kṛka-s* kelkopf, *kṛkāṭa-m* halsgelenk, M., F. 35.
30. lit. *laùkas* feld, das freie im gegensatz zum hause, *laukė* draussen, *laùkan* hinaus, ved. *lōka-s* freier raum, das freie (über *ulōka-* sih Ascoli corsi p. 235 f.); lat. *lūcus,* ahd. *lōh,* welche F. 176 noch vergleicht, ligen begrifflich weiter ab.
31. ab. *mozgŭ* mark, preuss. *musgeno,* Pott beitr. VI, 114, skr. *maǵǵan-* m., *maǵǵā, maǵǵas* n., abaktr. *mazga-vañt-* mark-

reich (as. *marg* gehört wol zu abaktr. *merezu* mark, Pauli ben. d. körperteile 25).
32. ab. *mudŭ* langsam, skr. *manda-* langsam, voc. I, 177.
33. ab. *ovŭ* jener, abaktr. apers. *ava-* jener weist auf das fernere, wärend *ima-* auf das nähere geht (Spiegel keilinschr. 174); ab. *ovŭ* lässt dise verwendung nicht mer deutlich erkennen, wol aber poln. *ow* als gegensatz von *ten*; flectiert findet sich das pron. in keiner anderen sprache.
34. lit. *páskui* praep. nach, *paskùi* adv. nachher, *paskutìnis* der letzte, skr. *paçḱa-* der hintere, *paçḱā* hinten, nachher, *paçḱāt*, von hinten, hinterher, apers. *paçā* hinter, *paçāva* nachher, abaktr. *paçkāt, paçḱa,* F. 122; lat. *post* ist auf keinen fall, wie Fick will = *paçḱāt*, vilmer aus *postid* (*-ea*) entstanden, der zu grunde ligende stamm *posti-* könnte allerdings aus **posc-ti-* entstanden sein (vgl. *pos(c)tulare*), doch ist der guttural auf italischem gebiete noch nirgends erwisen und bis auf weiteres *pos-ti-,* osk. *pos-mom* nur mit dem ersten teile des skr. *paç-ka-* zu verbinden.
35. lit. *paútas* ei, hode, skr. *pō-ta-s* tierjunges, F. 127.
36. ab. *pĕna*, preuss. *spoayno*, skr. *phēna-s* schaum, M., F. 217.
37. ab. *pĕsŭkŭ* sand (lit. *péska* sand, nur südl. vom Memel gebräuchlich, scheint also aus poln. *piasek* entlehnt zu sein), skr. *pāsu-, pāçu-,* abaktr. *pāçnu-* staub.
38. lit. *pĕ́tus* pl. t. mittagszeit, mittagsmalzeit, abaktr. *arém--pitu-, ra-pithwa* mittag, skr. *pitu-s* narung, F. 124, abulg. *pitati* ernären, *pišta* speise.
39. ab. *pišą, pĭsati* schreiben (preuss. *peisāton* scriptum slawisches lehnwort), apers. *ni-pis* schreiben, *nij-apisam* ich schrib, M., in diser bedeutung findet sich die wurzel sonst nirgends.
40. ab. *prĭ-vŭ* der erste, apers. *par-uva* der frühere, abaktr. *paourva-*, skr. *pūr-va-* der frühere, vordere.
41. ab. *radi,* praep. c. gen., wegen, apers. *avahja-rādij* deswegen, Kuhn ztschr. VI, 390; Ebel beitr. I, 426.
42. ab. *ratĭ* kampf, *retĭ* streit, skr. *r̥ti-s* angriff, streit, abaktr. *paiti-ereti-* angriff, F. 16.

43. ab. sąkŭ surculus, skr. çaṅku-s stamm, pfal, M.
44. sivŭ, preuss. sywan grau, lit. szývas weiss, schimmelig, skr. çjāva- dunkelfarbig, abaktr. çjāva- schwarz, Bopp gl., F. 47.
45. lit. skaitýti zälen, lesen, ab. čitą, čisti zälen, lesen, beobachten, eren, skr. ḱit, ḱikēttí warnemen, acht haben; anord. heiðr ere, welches F. 206 noch vergleicht, scheint von heiðr serenus nicht zu trennen, über letzteres s. voc. I, 97.
46. lit. sù mit, preuss. sen, ab. są-, su-, sŭ, abaktr. hām, hém-, skr. sam; nur in disen sprachen ist urspr. sam als selbständiges wort und in zusammensetzung mit verben erhalten, ableitungen der grundform sama- u. a. finden sich in allen sprachen.
47. ab. suka hündin, med. σκάκα τὴν κύνα καλέουσι Μῆδοι, Herod. I, 110, abaktr. çpaka- hundartig, F. 51.
48. ab. srętŭ, lit. szvéntas, abaktr. çpeñta- heilig.
49. lit. szakà zweig, skr. çākhā.
50. ab. taj adv. heimlich, abaktr. taja- adj. heimlich, verborgen, tāja- diebstal, skr. abaktr. tāju- dieb, M.
51. russ. taskatĭ ziehen, schleppen, skr. task-ara-s räuber, dieb, Bollensen ztschr. d. d. m. g. XXII, 633.
52. ab. teką, testi laufen, fliessen, lit. tekù, tekḗti, fliessen, laufen, aufgehen v. d. sonne, skr. tak-ati schiessen, stürzen, besonders vom fluge des vogels, abaktr. taḱ laufen, eilen, fliessen, Bopp vgl. gr. I², 77, F. 73 (die wz. noch in ταχύς = skr. taku-s s. 64.).
53. ab. tlŭkŭ erklärung, dolmetscher, skr. tarka-s vermutung, erwägung, speculation, Mikl. wzn. d. altsl., Wiener denkschr. VIII, 172; Förstemann Germania XV, 401 teilt tlŭ-kŭ und vergleicht an. thula rede, gedicht.
54. ab. tŭštĭ ler, skr. tuḱḱ'hja- ler, öde, nichtig.
55. lit. vedù, vésti füren, heiraten vom manne, vedýs freier, bräutigam, preuss. weddē er fürte, inf. west, ab. vedą, vesti füren, heiraten, ne-věsta braut (dazu das activum lit. ne-vḗdęs unverheiratet), abaktr. upa-vādhajaēta er möge heiraten, vādhajēiti er fürt, vadhrja- heiratsfähig, skr. vadhū- braut, junge ehefrau, vàdhūju- heiratslustig, vadhūmant- mit

zugtieren bespannt, zum ziehen tauglich, F. 179; das von im verglichene *ἠίϑεος* junggeselle verbindet Roth ztschr. XIX, 223 f. mit *viduus*, skr. *vidhava-*; engl. *wed* heiraten, welches Mixl. lex. s. v. *nevěsta* vergleicht, hat anderen ursprung, sih Pott e. f. II², 250, Curtius no. 301.

56. lit. *vėjas* wind, abaktr. *vaja-* m. luft (abaktr. *vaju-s*, skr. *vāju-s*) F. 188.
57. lit. *vėszpatis* herr, preuss. *waispattin* acc. hausfrau, abaktr. *vīçpaiti-*, skr. *viçpati-* hausherr, gemeindehaupt, F. 189.
58. lit. *vìsas*, ab. *vĭsĭ*, in manchen casus ligt aber *vĭsŭ* zu grunde, s. Mikl. vgl. gr. III, § 85, Leskien handb. § 66, apers. *viça-*, abaktr. *vīçpa-*, skr. *viçva-* all, jeder.
59. ab. *vraska* runzel, nslov. *vrėsk-noti* rumpi, skr. *vrçḱ ati* abhauen, zerschneiden, M., F. 192.
60. lit. *żádas* sprache, rede, *żódis* wort, *żadëti* versprechen, skr. *gad-ati* sprechen, *gada-s* rede, spruch, F. 55.
61. ab. *zovą̊, zŭvati* rufen, skr. *hav-atē*, abaktr. *zav-aiti*, Bopp gl., F. 71.

III. Worte, welche bisher nur in den deutschen und arischen sprachen nachgewisen sind.

1. as. *aƀuh*, ahd. *abuh*, *abah* abgewant, verkert, böse, skr. *apāṅḱ-*, *apāk* rückwärts gelegen.
2. got. *afar* hinter, nach, skr. abaktr. apers. *apara-* der hintere; das von Benfey wzlex. I, 129, Curtius no. 330 dazu gestellte *ἤπερο-* in *ἠπερ-οπεύω* betrüge (rede anders) stimmt in der quantität des ersten vocals nicht.
3. got. *aigan* haben, skr. *īç* zu eigen haben, herrschen, Bopp gl.
4. got. *andeis*, skr. *anta-s* ende.
5. as. *driogan*, ahd. *triogan*, abaktr. *druǵ, druž-aiti*, apers. *duruǵ* lügen (skr. *druh* schaden zufügen ligt begrifflich ab).
6. an. *eisa* einher stürmen, skr. *īš-atē* enteilen, fliehen, anfallen, *ēš-ati* schleichen, gleiten, F. 23.

7. ahd. *elo, elawēr* gelb, lohbraun, skr. *aru-ṇa-, aru-ša-* rötlich, F. 14 (*ārū-* lohfarben nur bei Uġġvalad.).
8. as. *ēu, ēo* m., ahd. *ēwa* f. gesetz, herkommen, skr. *ēva-s* gang, pl. handlungsweise, gewonheit, F. 26.
9. as. ahd. *grīs* grau, greis, abaktr. *zareš-jañt-* alternd, F. 70.
10. got. *hairus* schwert, skr. *çaru-s* waffe, pfeil, donnerkeil.
11. mhd. *scherz, scherzen, schirzen* scherzen, lustig springen, skr. *kūrd-ati* springen, hüpfen, F. 205 (? das wort ist erst nachvedisch).
12. ahd. *senwa, senawa,* sene, bogensene, skr. *snāva-s* sene, muskel, abaktr. *çnāv-ja-* aus senen bestehend, F. 214.
13. demonstr. pron. stamm *sja-,* got. *si,* skr. *sja, sjā,* abaktr. *hja-t̰.*
14. an. *torf* torf, ags. *turf* torf, rasen, skr. *darbha-s* grasbüschel, buschgras, Justi liter. centralbl. 1871, 436; F. 1062.
15. ahd. *wunsc,* skr. *vāńkhā* wunsch, *vāńkhati* wünscht, Bopp gl. (?), doch findet sich *vāńkh* in der ältesten vedischen sprache noch nicht (Roth ztschr. XIX, 220), und andererseits ist die entstehung von *wunsc* aus *wunn-isc* (Grimm myth.[3] 126) nicht unmöglich.

IV. Worte, welche bisher nur in den nordeuropäischen und arischen sprachen nachgewisen sind.

1. skr. *uk-jati* gefallen finden an, gewont sein, ab. *pri-vyknąti, obyknąti* sich gewönen an, gewont werden, *vyknąti* lernen, *učiti* leren, lit. *jùnkti* gewont werden, *jaukinti* gewönen, got. *bi-uh-ts* gewont, beitr. VI, 147.
2. apers. *kāra* her, preuss. *karya* her, krieg, *karia-woytis* herschau, got. *harjis* her, lit. *káras* krieg, ab. *kara* streit, *karati sę* streiten, kämpfen.
3. got. *gaggan,* lit. *žengti* schreiten, finden nur im arischen nahe verwante, mag man sie in üblicher weise mit skr. *ġaṅ-gam,* intens. v. *gam, ġaṅgama-* beweglich, *Gaṅgā*

Ganges verbinden oder mit Fick 67 skr. *ġāh* zappeln, *ġaṅghā* unterschenkel vergleichen.

4. skr. *dhvan-ati* tönen, abaktr. *uç-dvãn* anrufen, an. *dynja*, as. *dunian* drönen, lit. *dun-d-ėti* tönen, rufen, Pott wzwtb. II, 2, 92; F. 105.

5. skr. *nādh-ita-* in not befindlich, ab. *nążda*, got. *nauths* not, voc. I, 170.

6. skr. *parġanja-s* regenwolke, donnergott, lit. *Perkúnas*, preuss. *percunis* donner, an. *Fjörgyn*, Grimm myth.[3] 156, Lottner ztschr. XI, 181; dunkel ist das verhältniss des ab. *Perunŭ* zu disen.

7. skr. *bhūrġa-s* birkenart, ab. *brěza*, lit. *bérzas*, preuss. *berse*, ahd. *piricha* (lat. *fraxinus* darf man schwerlich mit F. 136 dazu stellen).

8. abaktr. *māzdra-* verständig, ab. *mądrŭ* verständig, got. *mundr-ei* zil, lit. *mandrùs* munter, ahd. *muntar*.

9. skr. *mãsa-m*, ab. *męso*, preuss. *mensa*, lit. *mėsà*, got. *mimz* fleisch.

10. skr. *mithas* gegenseitig, wechselsweise, ab. *mitě*, *mitusŭ* abwechselnd, got. *misso* gegenseitig (*mith-to) stelle ich wegen diser übereinstimmenden bedeutungen hierher; materiell verwant ist noch μετά, s. Mikl., Curt. no. 212.

11. skr. *liṅga-m* kennzeichen, got. *leik*, *ga-leiks*, lit. *lygùs* gleich, serb. *lik* angesicht, voc. I, 89 ff.

12. skr. *çapha-s*, abaktr. *çafa-* huf, ahd. *huof*, ab. *kop-yto*, *kop--ato* huf.

13. skr. *çruš* in *çruš-ṭi-* erhörung, villeicht auch in ved. *çrōšan*, *çrōšantu*, *çrōšamāna-*, welche aber auch aoristformen sein können, s. Benfey S. V. gloss. 186, abaktr. *çruš* hören, *çraoša-* gehorsam, abulg. *slyšati*, lit. *klausýti*, ahd. *hlosēn*, Pott, e. f. II[2], 587.

14. skr. *çvit*, *çvētatē* weiss sein, *çvēta-* weiss, ab. *svĭtěti*, *svitati* glänzen, leuchten, lit. *szveiczù*, *szveisti*, glänzend machen, putzen, *pra-szvinta* der tag bricht an, got. *hveits* weiss.

V. Griechische worte, für welche bis jetzt nur im lateinischen entsprechende oder verwante nachgewisen sind.

1. ἄβιν· ἐλάτην, οἱ δὲ πεύκην Hesych., abies, F.*) (ist ἄβιν etwa lateinisch *abiem, gebildet wie requiem?).
2. αἰσθέσθαι, audio, F.(?); audio und ob-oedio weisen sicher auf älteres *avidio, möglicher weise auf *avisdio = ἀ(F)ισθ-έσθαι, doch ist αἰσθ- erst nachhomerisch, C. no. 586.
3. ἄλγος, algeo, L.
4. ἀλκυών, alcēdo eisvogel (ahd. alacra mergulus, taucher), L., C. no. 6.
5. ἅλλομαι, salio, C. s. 500, F., die bedeutung springen hat die wurzel nur im griech. und lat.
6. ἀλφός weisser ausschlag, ἀλωφός weiss, albus (weitergebildet ligt es vor im abulg. lebedĭ, ahd. albiz schwan s. 42, C. no. 399; der deutsche flussname Elbe ist schwerlich hierher zu ziehen, vgl. an. elfr fluss).
7. ἀμείνων, manus gut, Walter ztschr. XII, 383.
8. ἀντλεῖν, anclare haurire, exanclare exhaurire, Paul. Fest. p. 11. 80, dise worte stimmen in form und bedeutung so genau überein, dass man sie nicht von einander trennen kann, s. Bugge ztschr. XX, 141, dagegen ist anculare ministrare ein ganz anderes, unverwantes wort; zwischen entlehnung und verwantschaft ist hier schwer zu entscheiden; vermutungen über die etymologie bei Curt. no. 236, F.
9. ἀράχνη, aranea, L., C. no. 489, aber Corssen I², 634 hält es unter der voraussetzung, dass eine der bisher von ἀράχνη aufgestellten etymologien richtig sei, für griech. lehnwort.
10. ἀχήν dürftig, Theokr. 16, 33, ἀχηνία mangel, Aesch. Choeph. 298 Herm., ĕgēnus, ĕgeo, C. no. 166, F. 422. 4.

---

*) F. one weiteren zusatz bedeutet in disem verzeichnisse Ficks graeco-italische sammlung, vergl. wörterb. 421—504.

11. βάκ-τρον, bac-ulum, L.
12. βάσκανος, βασκαίνω, fascinus, fascino, L.
13. βραχύς, brevis, L.
14. γαμβρός, gener? s. C. s. 499, Schleicher comp.³ 218.
15. γηθέω, gaudeo, L.
16. γίννος maulesel, Hesych., hinnus? L.
17. γλάφω höle, γλαφυρός hol, glatt, glaber kal, glatt, L.
18. γλυκύς, dulcis, L., F. 457, C. no. 526.
19. γλύφω höle aus, schnitze, glūbo schäle, L., C. no. 134ᵇ; das von F. 358 verglichene deutsche klieben ist im as. und mhd. noch intransitiv: as. kliovan bersten, es gehört also zu skr. ग्रmbhatē gänen, sich öffnen, sich ausbreiten, über u, iu aus am sih voc. I, 166 ff.
20. γρομφάς, scrōfa, L.
21. γύαλον wölbung, megar. γυάλαι becher, ἐγ-γυαλ-ίζω einhändigen, lat. vola hole hand, F. 450.
22. δασύς, densus, L.
23. δειρή, δέρη, aeol. δέρρα hals, bergrücken, dorsum, C. no. 267ᵇ, F.
24. δέψω, depso kneten, gerben, F.
25. Διώνη, Juno; Ζάν, Ζήν, Jānus, F. 457; Benfey or. occ. I, 280, Grassmann ztschr. XI, S. 9, XVI, 161 ff.
26. ἕλκος geschwür, ulcus, L.
27. ἕλος niderung, Ἧλις, vallis, C. no. 530.
28. ἕλπω, wz. Ϝελπ, volup, volupis, C. no. 333, F.
29. ἔνδον, endo, indu, L., F. 432, C. no. 263ᵇ.
30. ἐντός, intus, F.
31. ἔποψ, ἀπαφός, Hesych. widehopf, upupa, F.
32. ἐρετμός, rēmus, L. (mhd. rieme ist lat. lehnwort, Wackernagel umdeutschung² s. 20).
33. ἐρωδιός, ardea, L.
34. Ἑστία, Vesta, L.
35. ἐτελίς ein fisch, attilus eine störart im Po, F. 424.
36. εὔληρα, αὔληρον zügel, (v)lōrum, C. s. 516.
37. εὖχος, augur ntr., pl. augura, Attius trag. 624, was an

anderem orte im einzelnen begründet werden wird, vgl. Ebel ztschr. IV, 444.
38. ἥλιος, Aurelius, C. no. 612.
39. ἧλος nagel, vallus pfal, C. no. 531.
40. ἤν sihe, ēn, F.
41. θήρ, ferus, L.
42. ἰάπτω, jacio, L., C. no. 623, aber Corssen I², 214; 307 stellt jacio zu διώκω.
43. ἰμαλιά· τὸ ἐπίμετρον τῶν ἀλεύρων. ἐπιγέννημα ἀλετρίδος. καὶ ἀπὸ τῶν ἀχύρων χνοῦς. Hesych., simila feinstes weizenmel, F.
44. ἰξός, viscus, viscum mistel, vogelleim, Fick 491 vergleicht noch abulg. voskŭ, deutsch wachs.
45. ἴον veilchen, viola, C. no 590.
46. ἵπτομαι, ico, L., C. no. 623.
47. κῆτος n. merungeheuer, squatu-s, squatina haifisch, F. 496.
48. κίκιννος locke, cincinnus, F.
49. κληΐς, κλείς, dor. κλαΐς, κλᾴς, clāvis, F.
50. κνίσσα, nidor dampf, Corssen kr. beitr. 2, F. 449.
51. κόλαφος, alapa orfeige, F.
52. κορώνη, cornix, F., C. no. 69.
53. κορωνίς gekrümmt, kranz, corona, F., C. no. 81.
54. κοσκυλ-μάτια lederschnitzel, quisquil-iae, C.no. 114, F. 438.
55. κράνος, κράνον, κράνεια kornelkirschbaum, cornus, C. no. 51.
56. κρίκος, κίρκος, circus, circa, C. no. 81, F.
57. κρύσταλλος, crusta, L.
58. κυέω bin schwanger, ἔγ-κυος, ἐγκύουσα, in-ciens, aus *in-cuiens trächtig, Corssen II², 739.
59. κυρτός gekrümmt, gewölbt, cortīna rundes gefäss, kessel, wölbung, F. 441.
60. λάκος fetzen, lacer, lacinia, L., C. no. 86, F. 485.
61. λάξ mit der ferse, calx, C. no. 534, F. 438.
62. λάταξ, st. λαταγ- f. tropfen, neige im becher, latex, st. latĭc- m. flüssigkeit, F., villeicht entlehnt, altlat. war auch latex fem. Att. bei Prisc. I, p. 169, 14 H.
63. λαχαν- in λαχαίνω hacken, graben, ligōn- hacke, karst, F.

64. λάχνη, lāna, L., C. no. 537.
65. λέγω, lego, L., C. no. 538.
66. λείβω, lībare, L., C. no. 541.
67. λεῖος, lēvis, L., C. no. 53.
68. λίτρα, libra (lat. br aus tr, s. Schleicher comp.[3] 432, Ascoli ztschr. XVII, 147 ff.)
69. λοξός, luxus, L., C. no. 540.
70. μά (μὰ Δία), me (me hercle, me dius fidius) F.
71. μαλάχη, malva, aus *malgva, falls nicht, wie F. meint, skr. maruva-, maruvaka-, name verschidener pflanzen, dazu gehört; F· erklärt μαλάχη als *μαλϝαχη.
72. μᾶλλον, melius, F.
73. μείρομαι erhalte anteil, mereo, C. no. 467.
74. μῆλον, dor. μᾶλον apfel, lat. mālum, L. (entlehnt?).
75. μινύρεσθαι wimmern, minurrire zwitschern, F.
76. μῖσος, μισεῖν, mis-er, maes-tus, C. s. 544.
77. μίτυλος, μύτιλος, mutilus, L., C. s. 670.
78. μόκρωνα· τὸν ὀξύν. Ἐρυθραῖοι Hesych, ἀμύσσω kratzen, verwunden, ἀμυκαλαί αἱ ἀκίδες τῶν βελῶν παρὰ τὸ ἀμύσσειν Hesych, mucro, C. s. 498, F.
79. μόρον, mōrum, brombere, maulbere, F.
80. μοχλός hebebaum, mālus, mast, F.
81. wz. μυ, ἀ-μύ-νω, moenio, munio aus *mov-inio, C. no. 451.
82. μυττός stumm Hesych, mūtus, C. no. 478, F.
83. νέμος, nemus, L., C. no. 431.
84. νεῦρον, νευρά, L., C. no. 434, formell entspricht ganz genau auch as. naru, ags. nearu eng, st. narva-.
85. νεφροί, nefrundines nieren, Corssen kr. ntr. 143 ff.; ahd. nioro weiss ich nicht damit zu vereinigen.
86. νή, ναί, nē versicherungspartikel, F.
87. ὄγδοος, octavus, F.
88. ὀμφαλός, umbilicus, ἄμβων, umbo, C. no. 403, die übrigen sprachen haben nabh- als wurzelbestandteil.
89. ὄνος, asinus, F.
90. ὄνυξ, unguis, F., die übrigen sprachen haben nakh-, nagh- als wurzelbestandteil.

91. ὄροβος, ervum, F.
92. ὀρφανός, ὀρφο- in ὀρφο-βόται· ὀρφανῶν ἐπίτροποι Hesych, L., C. no. 404.
93. wz. πα- in πῆ-μα, lat. pa-tior, voc. I, 94.
94. παίω, pavio, C. no. 344.
95. πάλλω, pello, pollit pila ludit, F.
96. πείθω, feido, fido, L., voc. I, 126 f.
97. πέκτω, pecto, C. no. 97.
98. πέν-ης, πεν-ία, pen-uria, C. no. 354, in diser bedeutung nur graecoitalisch.
99. πίσος, pisum erbse, C. no. 365 [b].
100. πλάγος ntr. seite, gegend tab. Heracl. I, 66. 74, plăga, L.
101. πλῆθος, plebes, L.
102. ποινή, poena, C. no. 373.
103. πόλτος brei, puls, F.
104. wz. πορ, ἔπορον gab, brachte, lat. par-(t)s, por-tio, parare, L., doch sind die bedeutungsübergänge zwischen disen und anderen zu wz. par hinüberfüren gehörigen worten (Curt. no. 376. 356) so continuierlich, dass man nicht weiss, wo man abschneiden soll περάω: πόρος: πορεύω: πορίζω: ἔπορον: paro: pario, lit. periù brüte.
105. πράσον, porrum, L.
106. πτάρνυμαι, sternuo, L.
107. πυγ in πύξ, πυγμή, pugnus, pugna, C. no. 384.
108. σάος aus *σαϝο-ς, lat. sōs- in sōspes, C. no. 570, F.; die nebenform sīspes, seispitei C. J. L. I, 1110 erklärt Corssen II[2], 365 durch assimilation des ō an das i der zweiten silbe, dise ist aber, vollends über sp hinüber, beispillos*), vilmer werden wir von einem neutralstamme *seves- auszugehen haben, aus *seves-pes (vgl. hones-tus), ward einerseits *soves-pes, wie novem aus *nevem = ἐννέα, got. niun,

---

*) Das einzige beispil, welches Corsen II[2], 360 dafür anfürt, convīcium aus *convōcium ist anderer art. Erstens wissen wir nicht, ob hier wirklich *convocium und nicht vilmer *convēcium vorausgieng (vgl. ἔπος, εἰπεῖν), zweitens steht hier das ī im zweiten teile einer zusammensetzung, ist also, wenn es aus ō entstanden ist, mit illīco, cognĭtus auf eine stufe zu stellen.

lit. *devyni*, ab. *devęti̇̀*, und weiter **souspes* (vgl. *faustus* aus **favestos* oder **favostos*), *sōspes*, andererseits **sevispes* (vgl. *tremisco* aus *tremesco* u. a. Corssen II², 281 ff.), *seispes*, *sīspes*.

109. σκίπων, σκίμπων, *scipio*, F., voc. I, 109 f. 124 f.
110. σπεύδω, *studeo*, C. s. 649.
111. σπόγγος, σφόγγος, *fungus*, L., falls *fungus* nicht griech. lehnwort ist, wie C. no. 575, Corssen I², 161 annemen.
112 στρίγξ ein nachtvogel, *strix*, L.
113. σύβας, σύβαξ, συβάλλας geil, *subare* brünstig sein, F.
114. σφίδες, *fides*, C. s. 653.
115. σχινδαλμός, σκινδαλμός splitter, schindel, *scandula*, F.
116. τέμ-ενος und *tem-plu-m*, wenn auch im suffix verschiden, bezeichnen einen graecoitalischen begriff, s. H. Nissen das templum s. 1 ff. 8.
117. τένδω, τένθω nage, *tondeo*, C. no. 237, F.
118. τίφη wasserspinne, *tipula*, L., Pauli ztschr. XVIII, 30.
119. τύρβη, *turba*, L.
120. τύρσις, τύρρις *turris*, L.
121. ὕλη, *silva*, L.
122. ὕραξ, *sorex*, L.
123. ὕρχη irdenes gefäss, *urceus*, F. 431, C. no. 510.
124. φορβή, *herba*, L., C. no. 411.
125. φρίσσω, *frīgus*, *frīgēre*, L., F. 474.
126. φώρ, *fūr*, L.
127. χαμός· καμπύλος Hesych, *hāmus*, haken, F., C. no. 184.
128. χειά, hom. χειή loch, höle, *fovea*, Fröhde ztschr. XVIII, 160.
129. χείρ, altlat. *hir*, *ir* indecl. hölung der hand? s. Corssen I², 472.
130. χελιδών, *hirundo*, L.
131. χήρ igel, *ēr*, *hēr-inaceus*, L., C. no. 191.
132. ψηλαφᾶν, *palpare*, C. s. 682.

VI. Worte und wurzeln, welche bisher nur im griechischen und arischen nachgewiesen sind.

1. ἄγος schuld, scheu, skr. *āgas-* ärgerniss, vergehen, C. no. 116, F. 19.
2. ἄγρα, abaktr. *azra* f. jagd, C. no. 117, F. 4.
3. ἀδρός dicht, derb, skr. *sāndra-* dicht, dick, F. 197.
4. ἀθήρ hachel, lanzenspitze, ved. *athari-* oder *atharī* lanzenspitze, Böhtl.- Roth, F. 7.
5. ἄκων (ἀκοντ-) wurfspiess, skr. *açan-* schleuderstein, C. no. 2, F. 1.
6. ἀλέξω abweren, beistehen, skr. *rakšāmi* beschützen, erretten, C. no. 581, F. 163.
7. ἄνθος keim, blume, ved. *andhas-* kraut, B.-R., C. no. 304, F. 9.
8. ἀρβόν· διεστός. ἀραιόν. ἐλαφρόν; ἀρβάκις· ὀλιγάκις, Hesych., ved. *arbha-* klein, unbedeutend, F. 16.
9. ἀρετή tüchtigkeit, abaktr. *erethé* rechtlichkeit, C. no. 488, F. 14.
10. ἄρσην, ion. ἔρσην, att. ἄρρην männlich, abaktr. *aršan-* mann, männchen, C. no. 491, F. 17.
11. ἄστυ, skr. *vāstu-* hofstatt, haus, C. no. 206, F. 189; ahd. *wist* aufenthalt, wonort, wesen ist speciell deutsche neubildung zu *wesan* wie die zalreichen abstracta auf *-ti-*.
12. ἄφενος, ἄφνος reichtum, ved. *apnas-* ertrag, besitz, C. s. 464, F. 11, doch findet sich mit verwantem suffixe auch anord. *efni* n. materia, causa, opportunitas.
13. ἀφρός schaum, sk. *abhra-m* gewitterwolke. A. Weber Vāg. S. spec. I, 18; F. 11.
14. βαθύς, βάθος, βένθος, skr. *gāh* sich tauchen in, sich vertiefen in, C. no. 635, prakr. *bāh* Lassen inst. pr. 203.
15. γέρας ere, erengeschenk, abaktr. *garañh-*, nom. *garō*, ererbietung, C. s. 434, F. 60.
16. γέρων, skr. *ǵarant-* alt, gebrechlich, C. no. 130, F. 60.
17. γῆρας, γερασ- alter in γερα(σ)ιός alt, skr. *ǵaras-* alter, C. no. 130, F. 60.

18. *δαίω* teile, skr. *daj, dajatē* teilen, erteilen, C. no. 256, F. 91.
19. *δαίω* zünde an, *δεδαυμένος* angebrannt, skr. *dunōmi* brenne, C. no. 258, F. 94; die von letzterem verglichenen abulg. *daviti* ersticken, lit. *dóvyti* quälen gehören zu got. *afdauiths* ermattet, *θανεῖν* (verf. z. gesch. d. indog. voc. I, 165); as. *tiono* übeltat, *gitiunean* schaden tun können allerdings wurzelverwant sein, aber auch zu *δεύομαι* oder sonst wohin gehören; die sinnliche bedeutung 'brennen' findet sich nur im skr. und griech.
20. *δέδαεν* lerte, *δεδαώς* gelert, kundig, *δαῆναι* lernen, abaktr., apers. *dā* wissen, kennen, abaktr. *daṅh* leren, *dīdaṅhē* ich ward belert, C. no. 255ᶜ, F. 90, dessen weitere vergleichungen: got. *ungatass* unordentlich, mhd. *zësem* ununterbrochene reihe, begrifflich abseits ligen.
21. *δέω, δίδημι* binde, *διά-δημα* kopfbinde, skr. *dā, djāmi* binde, *dāman*- band, C. no. 264, F. 91. 92.
22. *δήνεα* ratschlüsse, gedanken, anschläge, skr. *dāsas*- wunderbare tat, wunderkraft, abaktr. *-daṅhaṅh*- weisheit, geschicklichkeit, F. 87.
23. *δοχμός* schief, schräg, skr. *ǵihma*- schief, schräg, Bugge ztschr. XIX, 422, F. 86.
24. *δρυμός* wald, skr. *druma-s* baum, C. no. 275, F. 97.
25. *ἐγείρω* wecke, *ἐγρήγορα* bin wach, skr. *ǵāgarti* wachen, abaktr. *gar* wachen, C. no. 139, F. 59.
26. *ἑκών*, skr. *uçant*- willig, gern, abaktr. *an-uçant*- widerwillig, *ἀέκων*, C. no. 19, F. 177; die wz. skr. abaktr. *vaç* ist noch in keiner anderen sprache zweifellos nachgewiesen, denn für lat. *invītus* bieten sich zwei andere möglichkeiten der erklärung: es kann zu skr. *vīta*- beliebt gestellt werden, F. 191, oder zu preuss. *quoitē* er will, *quaits* wille, F. 1060, so dass die herleitung aus **invictus* nicht als sicher gelten kann.
27. *ἔλυτρον* hülle, skr. *varutra-m* überwurf, mantel, Pott. e. f. I¹, 224, F. 182.
28. *Ἐρινύς*, skr. *Saraṇjū-s*, Kuhn ztschr. I, 454, C. no. 495.

29. ἔριφος junger bock, sk. r̥śabha-s stier, aġa-r̥śabha-s bock.
30. Ἑρμείας, skr. Sārameja-s, Kuhn Haupts ztschr. VI, 128.
31. ἔρση tau, skr. varśa-s regen, C. no. 497, F. 184.
32. ἔρχομαι, sk. r̥kk'hati angreifen, erlangen, zu teil werden, abhi-arḱhati zu jemand kommen, heimsuchen, Benfey wrzlex. I, 63, C. s. 654, F. 17.
33. ἐτεός, skr. satja-, abaktr. haithja- wirklich, warhaft, C. no. 208, F. 193.
34. εὐρύς, skr. uru-s, abaktr. uru-, vouru- in compp. weit, breit, C. no. 499, F. 182.
35. ἕως, τέως, hom. ἧος, τῆος, skr. jāvat wie lange, tāvat so lange, C. s. 544, F. 81.
36. ἦμος, τῆμος, skr. jasmāt, tasmāt, Ċ. s. 544, F. 81. 160.
37. ἦρα φέρειν etwas angenemes, erwünschtes darbringen, welches spuren ehemals consonantisches anlautes zeigt (Hoffmann quaest. hom. II, p. 33) und von Bekker Ϝῆρα geschriben wird, vergleicht F. 188 mit skr. vāra-s kostbares, schatz, abaktr. vāra- wunsch, gabe.
38. ἧσται, skr. āstē er sitzt, abaktr. āçtē, C. no. 568, F. 20; als verbalstamm findet sich die wurzel in keiner anderen sprache, auch die nominalbildungen, welche man ir aus dem lateinischen zuspricht āra, altlat. asa und anus sind unsicher, namentlich letzteres, welches nicht das gesäss, sondern den after bedeutet, F. 222 identificiert es daher unter vergleichung von δακτύλιος mit anus ring.
39. θέω laufe, skr. dhav, dhavatē, dhāv, dhāvati rinnen, rennen, laufen, C. no. 313, F. 100.
40. θῆλυς säugend, skr. dhāru-s saugend, C. no. 307, F. 102.
41. ἰάλλω werfen, schicken, ausstrecken, skr. ijarti sich erheben, erheben, bewegen, Kuhn ztschr. V, 195 ff., C. no. 661.
42. ἱερός kräftig, heilig, skr. iśira-s frisch, kräftig, Kuhn ztschr. II, 274, C. 614.
43. ἰ-κτῖνος weihe, skr. çjēna-s falke, abaktr. çaēna- adler, greif, F. 47, voc. I, 142.
44. ἰός pfeil, skr. abaktr. iśu-s, grundform *iśra-s, C. s. 573, F. 22.

45. καινός, skr. kanjā, abaktr. kainē mädchen, jungfrau, skr. kanījās- geringer, jünger, superl. kaniṣṭha-, F. 31.
46. κάρχαι· καρκίνοι. Σικελοί Hesych., skr. karka-s, karkaṭa-s krebs, C. no. 40, F. 35.
47. κάρχαρος scharf von den zänen, scharfzänig, bissig, κάρκαροι· τραχεῖς Hesych., skr. karkara- hart, F. 35, C. no. 42ᵇ.
48. κεμπ-ός· κοῦφος, ἐλαφρύς ἄνϑρωπος Hesych., κοῦφος, skr. kap-ala- beweglich, leichtfertig, kamp zittern, voc. I, 115, 181.
49. κινεός, κεινός, κενός ler, skr. çūnja- ler, C. no. 49, F. 52.
50. Κένταυρος durch volksetymologische anlenung an ταῦρος oder κεντεῖν aus *Κένϑαυρος = skr. Gandharva-s entstanden, Kuhn ztschr. I, 513 ff.; götternamen erfaren ja bisweilen umgestaltungen, welche in dem noch verstandenen sprachgute keine analogien finden, z. b. wird niemand an der identität von lat. Mavors und Mamers zweifeln (Corssen ztschr. II, 1 ff.), trotzdem dass der übergang von m in v dem lateinischen sonst fremd ist.
51. κῆρυξ, skr. kāru-s lobsänger, dichter? F. 41; Pott wzwtb. II, 2, 501 stellt κῆρυξ zu skr. wz. kruç.
52. κόγχη, κόγχος, skr. çaṅkha-s muschel, C. no. 65, F. 29.
53. κοντός stange, skr. kunta-s sper lanze? F. 31; kunta-s siht wegen des wurzelvocals aus, als ob es dem griechischen entlehnt wäre.
54. κότυλος, κοτύλη hölung, holes gefäss, skr. kaṭvāla- m. hölung in der erde zur aufname des opferfeuers, kātvāla- m. n. die grube, welche die erde für den nördlichen altar lifert, F. 30.
55. κτάομαι erwerbe, skr. kśi, kśajati besitzen, beherrschen, abaktr. khśi beherrschen, vermögen, C. no. 78, F. 54.
56. κτείνω, skr. kśan, kśaṇōti verletzen, C. no. 149, F. 200.
57. wz. κτι in ἐυκτίμενος wol gebaut, κτίζω baue an, skr. kśi, kśēti, kśijati wonen, abaktr. khśi, śaēti, skjēiti wonen, C. no. 78, F. 54.
58. κύλιξ, skr. kalaça- topf, krug, schüssel? F. 39; C. no. 47 leitet es von κυ in κυέω u. s. w., lat. calix ist lehnwort.

— 63 —

59. κύμβος gefäss, becher, skr. *kumbha-s* topf, krug, abaktr. *khumba-* topf, C. no. 80, F. 45.
60. κῦρος, macht, κύριος mächtig, herr, skr. *çūra-s* held, abaktr. *çūra-* stark, her, heilig, C. no. 82, F. 46.
61. μάνδρα hürde, stall, später kloster, skr. *mandira-m* behausung, *mandurā* pferdestall, F. 148.
62. μή, skr. abaktr. apers. *mā* prohibitivnegation.
63. μυκός· ἄφωνος Hesych., skr. *mūka-* stumm, C. no. 478.
64. μύσχον· τὸ ἀνδρεῖον καὶ γυναικεῖον μόριον, Hesych., skr. *muška-s* hode, die weibliche scham, C. no. 483, F. 156.
65. νέομαι, νίσσομαι gehe, komme, skr. *nas-ē* tue mich zusammen mit einem, *sam-nas-ē* komme zu einem, C. no. 439, F. 111; got. *ganisan* genesen, gerettet werden, welches F. vergleicht, ist begrifflich mit νέομαι unvereinbar.
66. νέω schwimme, νάω, aeol. ναύω fliesse, one consonantische erweiterung findet sich die wurzel nur im skr. *snu, snāuti* fliessen, C. no. 443, F. 214.
67. νίζω, νίπτω netze, wasche, skr. *nig̃, nēnēktē, nēniktē* abwaschen, C. no. 439, F. 112, als verbum nicht weiter nachgewisen, F. vergleicht noch ags. *nicor*, ahd. *nichus* nix, wassergeist, ser ansprechend, wenn nicht anord. *Hnikarr*, Grimm myth.[3] 457, entgegen stünde.
68. ὀδύσσασθαι zürnen, skr. *dviš, dvēšṭi* hassen, C. no. 290, F. 95.
69. οἶμος gang, weg, skr. *ēma-s* gang, weg, C. no. 615, F. 26.
70. οἶος, abaktr. *aēva-* einer, allein, apers. *aiva-m* eins, C. no. 445, F. 26.
71. ὄρτυξ, stamm ὀρτυκ- und ὀρτυγ-, skr. *vartakā, vartikā* wachtel, C. no. 507, F. 184.
72. ὀρχέομαι tanzen, beben (ὀρχεῖται δὲ καρδία φόβῳ, Aesch. Choeph. 165), gereizt sein, skr. *r̥ghāyati, -tē* beben, beben vor leidenschaft, toben, rasen, F. 15.
73. Οὐρανός, skr. *Varuṇa-s*, C. no. 509, F. 182.
74. πάρος vor, vormals, skr. *puras* vorn, vor, C. no. 347, F. 118.
75. πέλεκυς, skr. *paraçu-s* beil, C. no. 98, F. 118.

76. πέρυσι, dor. πέρυτι, skr. *parut* voriges jar, C. no. 360, F. 119; das gleichbedeutende mhd. *vert* darf man nicht unmittelbar dazu stellen, denn da sich die nebenformen *vernt, vernet, vernent* finden (Gr. III, 215), so ist klar, dass *vert* aus disen verkürzt und *vernent* die älteste deutsche form ist, welche aus dem in as. *fernun jāra* im vorigen jare, lit. *pérnai* im vorigen jare, umbr. *perne* vorn erscheinenden stamme dtsch. *ferna-*, lit. *perna-* gebildet ist wie *sament, samet* aus *sama-*.

77. πιέζω, dor. πιάζω drücke, quäle, skr. *pīḍatē* gepresst sein, *pīḍajati* drücken, quälen, Pott e. f. I¹, 248, F. 125.

78. πίων, πίειρα, πιαρός, skr. *pīvan, pīvarī, pīvara-s* feist, fett, C. no. 363, F. 125.

79. πότνια, (δέσ)ποινα, skr. *patnī* herrin, gattin, C. no. 377.

80. Προμηθεύς, skr. *pramantha-s* Kuhn herabk. d. feuers s. 17, voc. I, 118.

81. ῥέζω färbe, ῥαγεύς färber, skr. *raǵjati* sich färben, *raǵajati, raṅǵajati* färben, C. no. 154, F. 163.

82. σκιά schatten, σκοιά· σκοτεινά, skr. *k'hājā*, C. no. 112, F. 203.

83. σπέρχομαι eile, σπέρχω dränge, σπερχνός eilig heftig, skr. *spṛhajati* nach etwas streben, beneiden, abaktr. *cparez* streben, C. no. 176ᵇ, F. 216.

84. στήνιον, στένιον brust, Hesych, skr. *stana-s* brust, F. 210.

85. στόμα, abaktr. *ftaman-* m. maul, C. no. 226ᵇ, F. 211.

86. ταχύς, skr. *taku-s* eilend, Grassmann ztschr. XII, 104, F. 74.

87. τέκτων, skr. *takšan-* holzarbeiter, zimmermann, C. no. 235, F. 75.

88. τέλσ-ον gränzfurche, abaktr. *karša-* furche, skr. *karš* ziehen, furchen, pflügen, *karš-ū-* furche, C. s. 444.

89. τετίημαι bin betrübt, skr. *tviš*, perf. *titvišē* aufgeregt, bestürzt sein, abaktr. *thwaēša-* m. furcht, schreckniss, F. 84.

90. Τριτο- in Τριτο-γένεια, ved. *Trita-*, *Tṛta-* Roth ztschr. d. d. m. g. II, 224, Benfey nachr. d. kön. ges. d. wiss. z. Göttingen 4. jan. 1868, Delbrück Curt. stud. I, 2, 133 ff.

91. ὑσμίνη schlacht, skr. *judh, judhjatē* kämpfen, abaktr. *jud, jūidhjēiti* kämpfen, C. no. 608, F. 162; Falls die von Bopp

gl. scr. und Pictet origines II, 190 verglichenen ir. *iodhna* spears, arms, *iodnach* valiant, warlike, martial, *iodhlan* a hero hierher gehören, ist dise numer zu streichen.

92. ὕστερος, skr. *uttara-s* der obere, spätere, C. no. 251b, F. 24.
93. Φλεγύας, Φλέγυς skr. *Bhṛgu-*, Kuhn herabkunft d. feuers, s. 6 ff. 21 ff.
94. φώ(τ)ς mann, skr. *bharant-* ererbietige anrede, C. no. 317, F. 137 (?).
95. χέζω, skr. *had, hadatē* cacare, abaktr. *zadhaṅh-* podex, C. no. 186, F. 67; wenn das gewönlich noch herzu gezogene ags. *scītan*, ahd. *scīzan* überhaupt verwant ist (vergl. lit. *szikti*), so stehen doch die arischen und griechischen wortformen einander jedes falles vil näher als beide der deutschen.
96. χίλιοι, aeol. χέλλιοι für *χεσλιοι, skr. *sa-hasra-*, abaktr. *ha-zaṅra-* tausend, F. 70, s. o. s. 22.
97. χρόνος, abaktr. *zrvan-, zrvāna-* zeit, alter, C. no. 189, F. 73.
98. ὠθέω stosse, ἐν-οσί-χθων, ἐννοσίγαιος (ἐν-Ϝοσι-γαιος) erderschütterer, skr. *vadh* defectiv, aor. *avadhīt* schlagen, erschlagen, *vadhajāmi* erschlagen, abaktr. *vādhajōit̰* er kann zurückschlagen = ὠθέω, C. no. 324, F. 179. 188; C. vergleicht noch lat. *odi*, welches jedoch begrifflich dem von Pott verglichenen got. *hatjan* näher steht (*odi* aus *codi* wie *ubi* aus *-cubi*); F. 339 stellt *ōdi* zu as. ahd. *ando* eifer zorn, *andōn* seinen zorn auslassen.
99. ὠμός, skr. *āma-s* roh, ungekocht, C. no. 486, F. 20.

VII. Worte und wurzeln, welche bisher nur im lateinischen und arischen nachgewisen sind.

1. *cacumen*, skr. *kakud-mant-* gipfelnd, sich auftürmend, subst. m. berg, Benfey gr. wzlex. II, 324, F. 28.
2. *caesaries*, skr. *kēsara-s* mäne, s. Böhtl.-Roth.
3. *carmen*, ved. *çasman-* lied, Schweizer ztschr. I, 513. 563, Corssen kr. beitr. 406.

4. *ebrius* üppig (facite cena mihi ut ebria sit. Plaut. Casin. 3, 6, 18), trunken, skr. *ahraja-* üppig, strotzend, keck, *ahrigeil*, F. 11.
5. osk. pron. demonstr. *eiso-*, umbr. *eso-*, skr. *ēša*, abaktr. *aēša*, Corssen I², 386.
6. *ensis*, skr. *asi-s* schwert.
7. *gli-scere* sich ausdenen, skr. *ġri, ġrajati* mit *upa* sich ausbreiten zu, *pari-ġri-* herumlaufend oder sich rings ausbreitend, s. B.-R., *ġrajas-* raum, abaktr. *zrajanh-*, apers. *darajam* see, mer.
8. *jūs*, alt *jous*, skr. *jōs* indecl. heil, wol, abatr. *jūs* gut, *jaos* rein, Kuhn ztschr. IV, 374, F. 162.
9. *Mart-*, skr. *Marut*, Grassmann ztschr. XVI, 162; vergl. jedoch Kuhn, Haupts ztschr. V, 493, Osthoff quaestt. mythol. diss. inaug. Bonnae 1869, p. 23 sq.
10. *menda*, skr. *mindā* körperlicher feler, mangel, B.-R., F. 148.
11. *mundus* schmuck, *mundus* rein, skr. *maṇḍajati* schmücken, F. 148.
12. *Neptunus*, abaktr. *napta-* feucht, *apā́m napā́t*, ved. *apā́m napā́t* son der gewässer, Windischmann zoroastr. stud. 182, Spiegel ztschr. XIII, 372, XIX, 392, wol nicht mit Curt. 402, Grassmann ztschr. XVI, 167 aus wz. *nabh* herzuleiten.
13. *opus*, skr. *apas-* werk.
14. *Saeturnus*, skr. *Savitar-*, Schweizer ztschr. IV, 68, O. Meyer quaestt. homer. Bonnae 1868, p. 8.
15. *socius*, skr. *sakhi-* freund, abaktr. *hakhi-* genosse, F. 192.
16. *tumul-tus*, skr. *tumula-* lärmend, B.-R., F. 82.
17. *tussis*, abaktr. *tuç* husten, 3. pl. imperf. *tuçen*, F. 82.
18. *torus*, skr. *stara-s* lager, bett, Boppu. Kuhn ztschr. IV, 4, F. 211.
19. *Venus, venus-tus*, skr. *vanas-* verlangen, anhänglichkeit oder lieblichkeit, B.-R., freudigkeit, Grassmann ztschr. XVI, 178, *jaġña-vanas-* opfer liebend, *gir-vaṇas-* anrufung liebend, Pott. e. f. I¹, 254 f., F. 180.
20. *volva* hülle, gebärmutter, skr. *ulva-m* eihaut, gebärmutter, Pott. e. f. II¹, 273, F. 185.

VIII. Worte, welche bisher nur im griechischen, lateinischen und arischen nachgewisen sind.

1. ἄργ-υρος, arg-entum; skr. raǵ-ata-m, abaktr. erez-ate-m, das griechische wort ist wenigstens wurzelverwaut, C. no. 121.
2. μένος, Mener-va, skr. manas-, abaktr. manañh- geist, C. no. 429.
3. μένω, maneo, apers. a-mān-aja er erwartete, abaktr. upamān-ajen sie sollen warten. Die bedeutung 'warten' hat sich aus 'denken' entwickelt wie in lit. dingstù, dingti bleiben aus mán ding mich dünkt (nach Nesselmann lit. wtb. 143 soll auch in diser bedeutung dingsta vorkommen), got. thugkjan, lat. tongere.
4. νεύω, nuo, skr. nu, navatē mit praepositionen wenden, F. 113.

IX. Worte und wurzeln, welche bisher nur im arischen, griechischen und slawolettischen nachgewisen sind.

1. skr. alp-a- klein, geringfügig, ἀλαπ-αδ-νό-ς schwach, lit. alp-stù, àlp-ti schwach, onmächtig werden, F. 17;
2. skr. abaktr. udara- bauch, ὅδερος bauch Hesych, lit. védaras magen, védarai eingeweide, preuss. weders bauch, magen, F.24.
3. skr. gaṇḍa-s wange, γνάϑος, lit. żándas kinnbacke, F. 57.
4. skr. guñǵ-ati summen, brummen, γογγύζω, abulg. gągnivŭ γογγύζων, C. no. 136.
5. skr. tak, tak-ati schiessen, stürzen, besonders vom flug des vogels, abaktr. tak laufen, eilen, fliessen, abulg. teką tešti, lit. tekù, tekėti laufen, fliessen, ταχύς = skr. taku-s, F. 74.
6. skr. dīrgha-, abaktr. daregha-, δολιχός, abulg. dlŭgŭ, lit. ilgas lang, C. no. 167.
7. skr. pur-, pura-, puri- burg, statt, πόλις, lit. pilìs schloss, F. 119.

8. skr. abaktr. *java-* m. getreide, gerste, lit. *javai* getreide, ζειά spelt, C. s. 525;
9. wz. *jās* gürten, abaktr. *jāoṅh* gürten, *jāçtō* gegürtet, ζώννυμι, ἔ-ζωσ-μαι, abulg. *po-jas-ŭ* gürtel, lit. *jŭs-mi* bin gegürtet, *jŭsta* gürtel, F. 160.
10. skr. *vareça-* har, lit. *varsà* flocke, abulg. *vlasŭ* har, λάσιος für *Ϝλασιος, F. 184, das zwischen vocalen erhaltene σ, welches F. und C. no. 537 bedenken erregt, findet ein analogon in μισεῖν: *miser, maestus,* die futura und aoriste auf -σα, -σω hinter vocalen gar nicht zu erwähnen.